Filosofando com o
"MIRÓ"

Filosofando com o
"MIRÓ"

Eduardo Etzel

Æ
Ateliê Editorial

Copyright © 2000 by Eduardo Etzel

Direitos reservados e protegidos pela Lei 9.610 de 19.02.98.
É proibida a reprodução total ou parcial sem autorização,
por escrito, da editora.

ISBN: 85-7480-004-X

Editor
Plinio Martins Filho

Editor-assistente
Ricardo Assis

Direitos reservados à
ATELIÊ EDITORIAL
Rua Manoel Pereira Leite, 15
06700-000 – Cotia – SP – Brasil
Telefax: (11) 7922-9666
2000

Foi feito o depósito legal
Printed in Brazil

SUMÁRIO

Apresentação 7

Carta ao Miró 9

Prefácio 11

Filosofando com o "Miró" 15

Obras do Autor 271

APRESENTAÇÃO

Goiânia, 5 de junho de 1999.

Caro Etzel:

Li com atenção os originais do seu livro Filosofando com o "Miró" *e não preciso dizer que o achei interessantíssimo.*

Não tenho aptidão para crítico literário, mas já que pediu minha opinião, vou ser sincero.

Diria em poucas palavras que o seu livro é uma análise lúcida e mordaz da nossa civilização, das contradições dos tempos modernos, dos caminhos e descaminhos do homem em busca de sua afirmação e auto-realização. Permeando esta análise, a preocupação de natureza biológica com o crescimento populacional incontrolado e suas conseqüências. É uma visão tragicômica, embora otimista, do nosso país e do povo brasileiro.

APRESENTAÇÃO

Pena que o livro não tenha sido publicado logo que foi escrito, pois decorridos 16 anos, muita coisa perdeu atualidade e foi ultrapassada pela acelerada transformação da sociedade brasileira e da conjuntura internacional. Há no livro temas que são universais e atemporais e algumas passagens que se prendem a fatos e acontecimentos de interesse limitado ao tempo e às circunstâncias em que ocorreram. Talvez o livro pudesse ser mais valorizado no presente se enfocasse os temas tratados sem recorrer a exemplos singulares e fatos que aconteceram em um passado recente, mas que são desconhecidos da nova geração.

O texto poderia ser dividido em capítulos, cada um dos quais relativo a um tema, como por exemplo: religião, política, trabalho, escravidão, história, sexo, psicanálise, turismo, museus, etc., etc. Não teria que escrever nada além do que está no livro; apenas remanejar e modificar a redação de alguns trechos. Se preferir, os capítulos não precisariam ter títulos; apenas um número, em algarismos romanos, o que daria um aspecto atrativo ao livro.

O último capítulo seria como está no texto: uma síntese e o diálogo final até a publicação do livro.

Se não estiver disposto, entretanto, a trabalhar novamente no livro, a minha opinião é de que o mesmo merece ser publicado de qualquer maneira.

JOFFRE M. DE REZENDE (Prof. Emérito de
Clínica Médica da Faculdade de Medicina da
Universidade Federal de Goiás)

CARTA AO MIRÓ

São Paulo, agosto de 1999.

Caríssimo Miró (No ALÉM, *onde estiver):*

Você se lembra, tenho certeza, daquele papo gostoso em que contei tanta coisa que você devolvia com perguntas para esclarecimentos e me interrompia e não entendia e me chateava com piadinhas de cachorro, dúvidas e até sono solto?

Disse a você que ia publicar mas achei que não ia interessar na época estranha em que vivíamos. Agora tenho certeza de que se lembra, vejo sua atenção e suas orelhas levantadas.

Chegou a hora de sair para a rua e mostrar nossa velha, grande e fiel amizade.

Sabe Miró, nestes 16 anos tudo mudou: do João passamos para um quase, morreu na porta, aí veio, por artes, um bigodudo e meio duro para sair, papou mais dois anos; de-

pois um garboso corredor da madrugada, mas 40% (de comissão) era demais e foi delicadamente convidado a sair, ficou um de topete, topete mesmo e só no cabelo, e finalmente um sociólogo.

Já vejo sua pergunta marota: não seria sócio, mestre?

Não Miró, nada de sócio, sociólogo mesmo e dos bons; com ele veio o Real, isso mesmo, real, realmente, um papel que valia tanto quanto o tal green paper *de que tanto falamos, e acabou a inflação.*

Sabe, tudo mudou: caiu um bruto muro lá fora, foi uma correria, depois sossegaram, a bandeira vermelha encolheu, agora é um boné, até que bonitinho, que se espalha pelas fazendas daqui e dali. Mas por enquanto vai-se levando numa boa.

A tal de libertação também sossegou, a concorrência cresceu muito e a fé andou mudando de forma alarmante. Agora cantam em louvor ao Altíssimo com multidões e numa boa, a coisa está voltando aos eixos.

Como vê, caro Miró, tudo mudou, mas quando reli nosso livro fiquei espantado; toda nossa conversa filosófica poderia ter sido escrita hoje porque tudo está na mesma.

Assim venho honestamente comunicar a você que vou tirar o chapéu do depósito e de chapéu na mão, correr as editoras.

Que tal um nobelzinho? Nunca se sabe neste mundo maluco!

Teu velho e saudoso amigo,
ai que saudades!
E. E.

PREFÁCIO

Tudo neste mundo tem seu momento oportuno. Há hora para tudo na vida do bípede pelado. Para amar, para casar (nos albores da velhice), para votar, para estudar, para se formar e, felizmente, para o momento incerto da morte. Vive-se hoje, como se costuma dizer, a conjuntura segundo o regime, as fases do sector que se poderiam chamar de "conjunturo-sectoriais". Enfim, vive-se bem ou mal, mas vive-se, porque morrer mesmo ninguém quer, nem aqueles que teriam o paraíso garantido. O negócio é na terra mesmo, e para se conseguir o máximo deste planeta a preocupação essencial é fugir de balas, facas e estiletes, pois de veneno não há perigo porque não passa dos jornais diários para o estômago do leitor. No mais, é aproveitar o máximo o lazer (hoje bastante conjuntural) transando o sexo, que parece ser a preocupação única mas não é, porque é preciso dinheiro para o consumo e, como disse, evitar o aço penetrante.

PREFÁCIO

Dentro desse panorama edênico (de Éden, Paraíso) há um elemento acompanhante da maior importância para a vida do homem: o cachorro.

Parecerá estranho a alguns apressados que não têm tempo para apreciar as benesses deste mundo que me refira ao cão como personagem notável na vida do homem. Coitados desses negativistas que perdem uma das melhores coisas deste mundo: um convívio com um amigo certo, honesto, fiel, atento, afetivo e vigilante em benefício de seu dono, porque não é invejoso, corrupto, ganancioso, traiçoeiro, falso, voluntarioso, egoísta e violento como boa parte dos tais bípedes pelados.

Eu, por exemplo, tenho um, aliás são dois, um casal (a moral canina não se alterou desde o começo do mundo), mas o que vem a lume no momento é o cachorrinho chamado Miró. Ultimamente tenho seguido a onda do momento e, assim, participo da comunidade pelo consenso dirigido aos nossos administradores (é o governo que executa a vontade do povo). Estou conscientizado, politizado e "marxizado", enfim tenho feito direitinho tudo o que tem sido receitado pelos inúmeros Salvadores da Pátria que se esforçam com pronunciamentos, declarações, pastorais, conferências, entrevistas, conclaves e inúmeras outras formas de comunicações entre as quais não esquecer passeatas, saques, depredações, fogueiras e inocentes tentativas de bater um papo com o governador (perdão, o administrador da vontade do povo).

O resultado de toda a minha aplicação, de utilizar a experiência de brasileiro que nasceu com o avião de Santos

Filosofando com o "Miró"

Dumont e vive a serviço dessa magnífica abertura democrática, foi que muito me ilustrei e hoje vejo com grande seriedade o momento atual (seriedade aqui quer dizer: estar atento, sem prevenções).

A conseqüência, para mim, é que apesar da minha aplicação na absorção dos ensinamentos de tantos patriotas, fiquei confuso pela difusão de tantas e tão magníficas receitas que não só se repetem como martelam o cérebro dos brasileiros.

Pensa que pensa na busca da luz salvadora, surge de repente a verdadeira luz! Olho para o lado e vejo meu fiel Miró observando-me enternecido. "Pronto", digo a mim mesmo, chegou a hora certa de um verdadeiro entendimento com alguém em quem realmente confio: o meu cachorro.

Vejamos: Miró tem 7 anos, assistiu um Brasil-potência-emergente no planeta, viu pelo portão os dólares rolando despreocupadamente pela calçada. Assistiu nossos imperadores recebidos por rainhas, presidentes e chefes de governo. Presenciou obras miraculosas, dignas de um Brasil milionário e depois veio acompanhando espantado como o balão da nossa importância foi-se esvaziando aos poucos e agora o vê murcho na sarjeta. É evidente que uma conversa com este fiel amigo seria da maior oportunidade porque poderia permitir que restabelecesse meu equilíbrio depois de tanta confusão, querendo seguir as receitas de tanta gente importante.

Conversei então com Miró, expus a situação, mostrei a ele como estão assustados 123 milhões de brasileiros (um milhão restante fica dividido entre donos, loucos, imbecis,

PREFÁCIO

crianças recém-nascidas e outros de que não me lembro) e ponderei também que não existe o ruim total, pois tudo tem seu lado bom (pelo menos para alguns). Lembrei também que "do mundo nada se leva" e que o humor é também um bálsamo que pode não encher barriga mas alivia a tensão e evita viagens urgentes a cidades norte-americanas.

Ele, atento à minha fala, logo respondeu:

– Por que não, mestre, afinal sou cachorro mas não sou burro e, assim, topo uma filosofada!

Surpreendido pela sua pronta e viva resposta, resolvi levar adiante o projeto. Afinal, a nossa situação é realmente séria. Assim, por que não tirar do trágico o cômico e do cômico tentar alcançar a verdade que eu poderia explicar com linguagem simples ao meu querido cachorrinho? *Filosofando com o "Miró"* poderia ser uma literatura agradável, amena, divertida e exótica. Agradaria aos cachorreiros (amantes dos cães), suavizaria a tensão de um leitor preso à conjuntura e enalteceria os cães, nossos reais e imutáveis amigos.

Assim, veio o decreto: escreva-se, imprima-se e ofereça-se aos brasileiros aflitos.

EDUARDO ETZEL
Setembro de 1983

Filosofando com o
"MIRÓ"

Em ambiente de luto cinófilo chegou aquela coisinha fofa, uma bolinha branca com pintas marrom e negras, mexendo com suas perninhas finas, tremendo, assustado e desamparado. Rebento mirrado e magrinho, sem dúvida o piorzinho de uma ninhada recém-desmamada pronta para o consumo de uma população enquadrada na frieza de uma cidade imensa, onde o cimento, a violência e a indiferença predominam sobre o calor humano hoje tão raro e exclusivo que antes unia os brasileiros ainda provincianos, solícitos, confiáveis e de boa fé. Tudo isto que antes permeava entre os homens ficou hoje reduzido e concentrado na afeição aos cachorros. Curiosos tempos estes, em que se torna possível e imperioso conversar com um cão que nos compreende e por puro instinto animal nos dá aquilo que não nos damos uns aos outros neste surpreendente fim do século XX. Mas vamos adiante nesta conversa comigo mesmo, usando e abusando de um cachorrinho que, sem o saber, respondendo-me com seu silêncio, seus olhares e sua expectativa constante de receber um pedacinho de pão.

Pergunto-me o porquê de dialogar com meu cão e não com os homens que me rodeiam. E, porventura, há hoje diálogo entre os homens? Todos falam e discutem, mas apenas fingem dialogar, pois na realidade há um monólogo universal. Todos aparentamos falar e ouvir, mas na realidade fazemos uma conversa de surdos apenas, centrados nos puros interesses materiais do dia a dia. Não quero dizer que somos todos ladrões na tentativa de amealhar, mas, com a insegurança e as perspectivas sombrias do futuro desconhecido, temos na sobrevivência e na manutenção ou promoção do *status* o objetivo diário e permanente. A violência, fruto de um mundo pletórico de seres humanos lutando pelo melhor, é a mola invisível que, na pressão permanente para a expansão de sua força oculta, demanda liberação. Como falar, argumentar e discutir numa sociedade tão complexa, sem lógica nem senso comum?

Vendo meu Miró, penso em estabilidade, continuidade e previsão. Conheço-o e ele me conhece, sabe como sou e sei como ele é; aqui a possibilidade deste diálogo em que penso e ele responde por via de um segundo, eu mesmo para que a minha verdade surja límpida, sem o enganoso modernismo dos pseudodemocratas de todos os naipes neste mundo em que tudo é invertido, como a Alemanha Democrata que é totalitária em contraposição à Ocidental que, não se dizendo democrata, é-o na realidade. Mas vamos ao Miró.

Tão pequeno e enfezadinho, mirradinho, que me ocorreu o nome. Afinal, há Mirós ilustres, como o grande pintor espanhol, e até uma construtora com este nome.

Quando chegou esta bolinha branca, um fox sem garantia, compramos uma fêmea que seria sua companheira. Branca, pequenina e proclamada como fox, veio a ser uma vira-lata de preço na qual se percebem várias raças convergindo para o nome Tatá.

Cresceram juntos no amplo quintal, tiveram sua infância cuidada com leite e pão, como compete a uma família de classe média. Mas, além de comida, o afeto dado com proporção e lógica foi o cimento que me uniu ao cãozinho. Assisti-lhe o crescimento, desde a infância balbuciante e insegura. Presenciei as travessuras da primeira infância, os latidinhos, isto é, a fala, as correrias sem fim, o reconhecimento permanente deste mundo encerrado pelos muros, onde o além fica na conjectura e na expectativa do que seria. Aparecem os gatos no horizonte filogenético dessa raça amiga do homem; o gato é o habitante do além-muro, exigindo vigilância perene na conjura do perigo. Prepara-se assim para a eterna vigilância que neste pequeno mundo animal vai sendo povoada por vozes e ruídos que soam ameaçadores no espírito do cão.

Miró e eu temos muito em comum; afinal, começando pelo princípio, somos ambos animais. Ele considerado por nós, homens, como irracional, enquanto nós, com orgulho e pretensão, nos consideramos os únicos que pensamos com inteligência e por esta qualidade supostamente divina somos os reis da criação. Não sei se digo isto com orgulho ou vergonha, pois o que esta tal de inteligência racional tem feito por este mundo afora seria para corar as orelhas de um cachorro, não fossem os pêlos que as disfarçam.

Mas deixemos para lá estas elucubrações sobre nossa racionalidade; ela aparecerá mais tarde nos episódios que se sucedem na vida de todo o mundo. Conheço Miró quase desde que nasceu e seguramente pouco depois que deixou as tetas da mãe. Depois de sua primeira e segunda infância acompanhei a adolescência com suas incríveis cabritadas (tive que pôr tela alta em todo o quintal, pois pulava como um gato); suas correrias com Tatá, brincadeiras que Freud entenderia e com as quais eu me deliciava, comparando-as com as equivalentes dos jovens da minha raça. Das brincadeiras "inocentes" foi havendo uma ação lúdica mais clara, com endereço certo, já que o cão nada tem a esconder, não há repressão, pecado, inferno ou padre que lhe pergunte como foi e depois diga que é pecado o cheirar e lamber certos lugares proibidos aqui na nossa civilização. A vida continuou e logo chegou o tempo de passar do pensamento à ação (aos fatos) e destes às respectivas conseqüências, não fossem as providências que tomei para evitar a pressão demográfica canina no meu quintal. Os dias e meses e anos vão-se passando entre um casal agora adulto, com suas rusgas, suas preferências, seus interesses comuns e sobretudo seu egoísmo diante do osso, isto é, do melhor bocado, quando não há gentilezas, generosidade, caridade, cretinice nem inércia; o lema sempre foi: em matéria de comida boa é agarrar sempre que possível, com violência se necessário. Os períodos se sucedem a intervalos maiores ou menores, nunca tão freqüentes como os nossos, assim, paz prolongada para a rotina da vida: eterna vigilância, comer e dormir e os curtos períodos de amor, quando pude apreciar as negaças da fêmea e as loucuras do macho no máximo da excitação.

Assim transcorreu a vida do Miró nestes 7 anos de nosso convívio amigo. Tudo às claras, tudo puro, franco, sem dissimulações, o que nós, racionais, chamamos inocência e ingenuidade. Tal como fazem as crianças antes de serem adestradas nos macetes chamados pomposamente *educação* para as transformar no *Homo sapiens*, esta maravilha da natureza que, sendo da natureza há milhões de anos, trabalha traiçoeiramente para destruir a Mãe Natureza numa insensata atitude que de racional nada tem. Pelo contrário, comparativamente a seus irmãos peludos seria reprovado.

Aos 7 anos Miró é um cinqüentão, adulto portanto, é um senhor. Já eu, sendo mais velho, ganho dele na experiência da vida. Vivi bem mais neste mundo injustamente chamado "cane", quando o certo seria dizer apenas neste mundo que de cão nada tem, pois os cães em porcentagem relativa são muito mais felizes (casa e comida sem pauladas) do que os homens.

Conversar com Miró é um exercício de pensamento; não digo inteligência porque isso seria considerado pretensão pedante, pois inteligência entre nós é como o osso do cachorro, cada um tem mais e melhor do que o vizinho. O pensamento é conceito amplo, todos pensam, embora boa parte apenas pense que pensa mas não pensa, é apenas condicionada, como todos dizem que acontece com os bichos.

Caro Miró, vamos fazer um trato, eu falo, digo o que penso, comento, divago, discordo e você apenas responde e fala com suas possibilidades caninas, o olhar vivo ou distraído, interessado ou condescendente, com orelhas atentas movimentando para a frente, para trás ou para o lado, ou murchas, dormindo de tédio, interrompendo o discurso, pedindo algo ou apenas indo embora. Eu compreenderei, pois conheço você tão bem como jamais consegui conhecer um homem com suas artimanhas de esconder o que pensa até quando é sincero e expõe a alma, pois mesmo aqui pode fingir sem saber. Nestas condições, estamos prontos para nossa conversa.

Que nem você, nem eu, nem o leitor nos julguemos mistificados. Jogo limpo, claro, aberto, sem temores civilizados da crítica, da polícia, das leis e de todos os obstáculos que foram criados para diferenciar o homem, o *Homo sapiens*, de você e de seus companheiros assim chamados irracionais.

***

Você se lembra, Miró, de que quando era pequeno fazia pipi por todos os cantos da casa? Era um transtorno danado porque nos tapetes que você certamente escolhia, pois eram bonitos, ficava sua lembrança por muito tempo, se não para sempre, com um bela mancha redonda. Mas certamente não se lembra, pois dizem que cachorro não tem memória, é considerado irracional e está acabado. Mas tenho cá minhas dúvidas, como tenho dúvidas de tanta coisa que vamos conversando pelo tempo afora. Como é que não vai se lembrar, se quando viajo por longo tempo, meses e até anos, você me reconhece instantaneamente, logo que aponto no portão? É ou não é memória? É verdade que também provam o contrário dizendo que vocês, cães, escondem o osso e depois não se lembram onde o puseram e fica o dito por não dito. Concordo, mas e nós, homens, não fazemos a mesma coisa? Eu mesmo certa vez tinha uma boa quantia de dinheiro (no tempo em que operava muito e ganhava algum) que havia trazido do hospital de São José dos Campos. Como ia sair à noite (não havia assaltantes naquela época) pus o dinheiro em cima da estante, no escritório, e depois fiz como você com o seu osso: varreu-se-me da memória. Algum tempo depois, ao pintar o mesmo escritório, o pintor viu um pacotinho e mo entregou. Dentro do jornal havia o tal dinheiro que, assim, ganhei duas vezes, uma de verdade e outra de mentira, mas que valeu a pena; era bastante e não havia ainda necessidade de correção monetária. Como vê, não tenho 4 pernas mas também faço coisas como você. Daí minha dúvida sobre o dizer que cachorro não tem memória. Mas deixemos os parênteses e vamos ao pipi. Esta foi a causa de você ter sido relegado ao quintal, pois teimava em não compreender as regras do homem: não se faz pipi pelo chão encerado e pelos tapetes. Como você é cachorro, parte fraca, foi logo desterrado para fora de casa, mas com todo o trato possível: comida, água e agrados. Mas não se envergonhe desses senões de sua infância, pois nós, os racionais, fazemos a mesma coisa. Quando pequenos é um tal de largar água por todos os lados e em especial no colo das visitas, que dão aquele sorrizinho amarelo de "não foi nada", "é assim mesmo" etc., mas com o outro eu xingando a todo o vapor neste diálogo interno: "É tão engraçadinho, seu...". E ninguém estrila, pois é gente e tem que aprender a ser educado. Aí chegam as mães ansiosas e toca a botar o infeliz no penico a qualquer sinalzinho de pipi à vista ou muito pior, o cocô que, bem-vindo se amarelo-esverdeado, é de assustar se líquido e de mau cheiro. Aliás, tem um tal de cheiro-bom que fede também, mas que para a mãe é água-de-colônia, assim classificado pelos pediatras ou muito antes pelas comadres e vizinhas. Por causa deste vexame do *Homo sapiens* na infância, inventaram-se as fraldas, que davam certa garantia contra um vexame completo, mas que não eram impermeáveis. Bem, tudo evolui neste mundo, sobretudo para vender e ganhar dinheiro; hoje já existem as fraldas sofisticadas chamadas fraldas descartáveis. Coloca-se o cujo dentro e adeus líquidos e sólidos, ficam presos ao seu autor e depois são jogados fora, separando-se o vilão do resto. Afinal, toda esta explicação é à toa, pois você, Miró, tem neste Brasil imenso uma companhia com a qual as coisas se passam como aconteceu com você, só que o bruto não é posto para fora de casa: bota para fora líquidos e sólidos onde quer ou acontece, não usa fraldas e tudo fica numa boa, como se diz hoje em dia. Nada de tapete, chão encerado, fralda de gaze, ou impermeável descartável. Só a pura e legítima natureza. No Brasil autêntico, no Brasil pobre, na roça e nas favelas das grandes e hoje médias cidades, o que vale é a coisa prática e barata. Enquanto o bicho mama, usa alguns paninhos que são trocados, pois fedor é fedor e incomoda. Não há remédio se não trocar e lavar, secando ao sol na cerca de arame farpado. Mas logo que começa a engatinhar (sabia que nós também em certa idade precoce andamos de quatro?) acabou-se o problema. A roupa é quando muito uma camisinha, pois o bumbum fica livre e desembaraçado de funcionar onde e como quiser. O chão da casa é o puro chão brasileiro desde que o mundo é mundo, absorve tudo e assim acabou-se o problema. Por aqui não há mães ansiosas que exigem a "educação" do infeliz antes do tempo para dizerem orgulhosamente que o dela, não, este é "bem educado". Coitadas, se soubessem o que vem depois, o quanto o "bem educado" vai dar num neurótico de raça no futuro! Mas não é nosso assunto no momento, o que quis explicar a você é que o que aconteceu a você, acontece diariamente a milhões de brasileiros. A maioria das mães, guiada pelo próprio instinto, age dessa maneira inteligente (dizem que são os miseráveis e por isso não podem comprar as tais fraldas descartáveis). Para mim elas tem a sabedoria universal, pois sabem sem o saber que os esfíncteres só se controlam com o crescimento completo do sistema nervoso e, assim, calmamente, sem maiores aflições, esperam como sempre esperam os pobres, até que o "bichinho" por si mesmo resolva o problema saindo de casa para o terreiro; e o da cidade, chamando a mamãe no devido tempo. Você sabe que o pobre só tem neurose por falta de comida, mas não por estas trivialidades dos homens inteligentes das cidades. Como vê, aqui também você, Miró, não está tão mal como bicho que é, pois crescido, não se viu mais nem líquido nem sólido, que você depõe discretamente pelos desvãos do quintal.

* * *

Afinal, caro Miró, passou este período difícil e turbulento da nossa vida, no qual tudo é insegurança, angústia e indefinição, para logo chegar a segunda infância, a feliz época da criança brilhante e despreocupada que vai aprendendo as complicações do mundo como uma esponja ressequida que absorve a água que a cerca. Você, cachorrinho alegre e saltitante, aprende a sua função futura, começa com os latidinhos ensaiados e desafinados, vai levantando as orelhas, já começa a ter cismas, olha para cima, deixa o chão para apreciar as novidades do alto, mas sobretudo brinca, provoca-me para que brinque com você, mas é com Tatá que a coisa se desenvolve numa relação doidivanas sem responsabilidade nem nexo. Sorte sua ter uma companheira da mesma idade. Já nós, os racionais, não temos a mesma sorte, geralmente sós, nascemos um de cada vez, e assim quase nunca coincidimos na idade, daí, além das brincadeiras, os característicos do racional, brigas por ciúmes, ambição e egoísmo, que dão em birras e berreiros. Afinal, somos os reis da criação e temos direito a estas esquisitices. Geralmente queremos as mesmas coisas e, assim, quebramos o pau por nada. Já você, apenas cão, contenta-se com pouco, brinca a valer com um pedacinho de pau, com cambalhotas com Tatá, aposta corrida, provocam-se mutuamente e depois dormem o sono dos justos cães que não têm remorsos nem pecados. Não pedem nada se não comida, não ganham presentes, que por estas bandas são esperados e exigidos para logo em seguida serem esquecidos ou despedaçados para "ver o que tem dentro". Sabe que a curiosidade é um atributo da inteligência que se desenvolve velozmente do lado de cá? Freud diria que é um traço humano de ver como é a coisa dentro da mãe, mas o caso é que esta mania de espiar, quebrando, faz a felicidade dos comerciantes que, assim, vão vendendo os substitutos, pois as crianças não param de quebrar e os pais não param de comprar (isto por aqui chamam de costumes burgueses).

Como vê, você sai ganhando, seja no custo, seja na tranqüilidade de se contentar com o que tem, o que penso ser uma grande riqueza da Criação. Mas as coisas não foram sempre assim, pois hoje, quando uma criança "bem" faz aniversário, além das velinhas no bolo há os convites da meninada amiga e da vizinhança e chovem os presentes. É um tal de abrir o pacote (tem que ser à vista do visitante, é mais *chic* e mais garantido, para não haver dúvidas sobre quem deu o que e como) e pôr de lado, numa confusão que o infeliz pimpolho não sabe explicar, num dia para ele igual a todos os outros. Assim ele se vai "educando", quando lhe enfiam pela cabeça adentro o que está só no coco dos grandes e não no dele. Mas deixa para lá esta moda consumista. Como ia dizendo, quando eu era criança, pobre e sozinho (morava num grande jardim público sem vizinhos, só a cadeia pública, sendo eu o "ultimogênito"), brincava como você, Miró, com bichinhos – ah! os tatuzinhos tão engraçadinhos que ficavam uma bolinha quando os tocava e que depois, matreiros, escapavam maneiros! As borboletas que procurava apanhar e sobretudo os passarinhos que um irmão gaiato dizia que pondo sal no rabo conseguiria apanhar, e eu, toca a correr atrás, com o sal na mão! No tanque os peixinhos vermelhos que também apanharia se pudesse (uma vez caí no tanque e quase não estaria aqui conversando com você). Como vê, nada de brinquedos nem festinhas de aniversário, só a pura natureza, igualzinho ao que acontece com você quando brinca com o que há e vê.

Mas hoje, no pico da "civilização", dou um doce se há crianças por aí que tenham visto um tatuzinho, pois até galinha só se vê no jardim zoológico, imagine você, pois hoje é tudo asfalto e cimento. A terra desapareceu coberta pelo progresso, e sabe qual foi sua vingança? Quando chove forte, toda a água vai para os rios Tietê e Tamanduateí, e aí enche tudo com a evidente e natural culpa do governo. Assim, os meninos do asfalto têm que crescer com outros brinquedos e outras transas.

Vale aqui garantir que você está certo, pois tem a companhia de milhões de crianças brasileiras, as pobrezinhas, que são como você, muito mais ricas, pois crescem com a natureza, com os tatuzinhos e as belezas dos bichinhos que os pobres ricos do asfalto já não sabem que existem. Enfim, você é cão, bicho, irracional e desprezível e nós os inteligentes, os civilizados. Que tristeza, não?

Da infância para a adolescência na sua vida sintética e concentrada é um pulo. Para nós a coisa se prolonga, é a vida plena de pelo menos o tempo da vida de dois cachorros que tenham a sorte de chegar à velhice. Tudo vai mudando lentamente, quase sem se perceber, do brinquedo inocente ao brinquedo gostoso do amor, na busca do que cá, do nosso lado, eu chamo de "gostosinho". É, Miró, não sei como você sente a coisa, nunca me poderá explicar, mas julgando pelo nosso lado animal não é de se "pinchar fora", como diz o malandro. Assim, das correrias infantis, você passou logo para as correrias interessadas num jogo de amor que desaguou no sexo danado do primeiro cio de Tatá. Vi tudo e andei pensando muito numa comparação do assunto. Mas deixe que eu conte a você como se vai dando entre nós esta transição entre a criança e o adolescente. Na seção de brinquedos, um aprendizado suicida: os preferidos são a espingarda, os canhões e os tanques com os correspondentes de sobre e sob as águas, cruzadores, porta-aviões e submarinos. Tudo acompanhado dos engenhos voadores de variados tipos, e quanto mais mortíferos melhor. Aí você já vai vendo as vantagens de ser cão: você morde quem tira a sua comida e quem ameaça o seu território, o que é justo. Por aqui, não; já de pequenino se aprende a matar os outros sem motivo e sem culpa. Isto se chama por aqui inteligência do homem! As meninas naturalmente têm as bonecas, imitação das mães-mulheres e delas mesmas. Mas com aperfeiçoamento, pois os "bebês" fazem pipi (cocô não, é de mau gosto), chamam, choram, andam, enfim fazem tudo o que a imaginação dos fabricantes inventa para tomar o dinheiro dos trouxas. É verdade que fora da natureza tem que haver o substituto que é naturalmente péssimo. Podem queimar os miolos que jamais fabricarão um homem de verdade, sobretudo com todos os malefícios e ordinarices que são o apanágio dos espertos e dos ladrões e assaltantes. Já tentaram também imitar os cães; você sabe que nos cortiços verticais aqui chamados prédios de apartamentos, onde vive a maioria dos homens nas cidades do mundo, não se pode ter cachorro; assim, para satisfazer o amor puro e ingênuo das crianças criou-se o substituto do rico, o cachorrinho que anda, late e levanta a perninha para fazer pipi. Mas, pergunto eu, e você entende muito bem: e o amor, a amizade, a afeição, onde ficam?

Como vê, é tudo falso e imitativo do natural e naturalmente muito caro, isto é, corre dinheiro grosso neste crescimento do menino de asfalto. Neste meio tempo a maioria dos brasileiros em contato com a natureza corre livremente (como você no seu pequeno mundo), aprecia a vida animal na sua seriedade biológica sem malícias e fica sabendo que também ele, animal pensante, terá a seu tempo seu quinhão na perpetuação da espécie (e como perpetua! explicarei depois).

Mas voltemos ao nosso crescimento citadino, onde ambos habitamos. Com você a coisa é simples, clara, à luz do dia e para quem quiser ver. Passa da brincadeira inconseqüente para o interesse direto que leva à procriação pura e simples. Por aqui a coisa é muito diferente; é por definição longa, anos a fio, e por isso complicada e cheia de negaças. Antigamente era o "tira-linha", simples olhares que resvalavam pelo direito e que causavam frêmitos de entusiasmo largamente comentado entre as mocinhas e aumentado, enfeitado e enxertado de tais e tais coisas entre os moços. A prática sexual era para valer só no dia do casamento, pois o

Brasil ainda era virgem tanto na natureza como nas moças casadoiras. Os homens que se arranjassem, pois havia bananeiras em todos os quintais, e nas fazendas, mulas, cabras onde aplicar o engenho e a arte ou a fantasia dos interessados. Vê você, Miró, que a coisa simples sempre foi do seu lado, porque entre nós houve angústias e o medo de ser visto por pais e mães ciosos da honra e outros trecos que vêm sendo inventados pela civilização. Você não pode imaginar a mão-de-obra que dava para ter um gostosinho com uma mulher. Tudo escondido e cheio de medo, seja de emprenhar, seja de apanhar uma bela gonorréia que infernava a vida antes da descoberta dos antibióticos. Mas isto foi na minha mocidade, quando mulher andava vestida até quando pensava que estava nua. Hoje esta fase passa depressa, se não pelo tempo, pelo menos na movimentação, na alegria e no prazer do ex-fruto proibido. Estamos na época da liberação sexual, do vale-tudo do amor, assunto para você estranho, já que seu modo de "amar" não mudou desde o tempo da Arca de Noé.

Bem, do fogo da adolescência para as conquistas da mocidade, da idade adulta, o que vi em você foi a estabilidade; casa, comida e vigilância, sexo quando e como manda a natureza e, no mais, dormir o sono solto sem as antigas expectativas irrequietas de antes. Quanto a nós, caro Miró, o negócio é muito diferente, e ainda caluniam vocês com a tal "vida de cão". Temos o estudo, a disciplina, a vida pela frente, o casamento, sustentar mulher e filhos; tudo isso começa no primário e se arrasta por anos e anos, por várias vidas de cães por longas que sejam, numa palavra, é de matar. Quem disser que estudou como um agradável divertimento mentiu. O negócio é duro mesmo: lições, decorações e sobretudo a disciplina do "todos os dias estudar um pouco", o que é coisa para poucos. Você sabe como são os brasileiros, tudo no jeitinho e na última hora. Feliz você que, sendo cão, não precisa estudar, pois sua sabedoria vem das profundezas do tempo. Quem foi que avisou você que rojão e raio é perigoso? Eu não fui e aqui ninguém lhe deu esta lição, mas como você corre, se assusta e se esconde com os tiros! Foi a Mãe Natureza que ensinou você, e vem de milhões de anos este seu medo ancestral. Vá você dizer a mesma coisa dos homens e logo será xingado, ignorado, porque cachorro não pensa. Dirá você: penso e sinto e por isso corro. Nós não; temos a pretensão do Divino, da costela de Adão e que só nós temos alma. O que é, Miró, você está inquieto, parece que quer falar?

– Sabe o que é, mestre, depois de toda esta falação, perguntando e respondendo por mim, agora que toma fôlego, lembro que a proposta foi de conversarmos, e pelo jeito está virando um monólogo. Aproveito para perguntar: o que é alma?

– Você começou bem, Miró, logo uma pergunta de alto conteúdo filosófico. Tenha paciência, que mais adiante chegaremos até à resposta numa conversa calma e circunspecta, pois ela (a alma) "merece". Mas, como ia dizendo, o estudo foi coisa séria antigamente. Saiba que quando fiz o primário era tão pequeno que me fizeram repetir um ano porque era jovem demais para prosseguir. Hoje põem fogo no circo se não passar de ano, tem que seguir adiante assim mesmo, ignorante e tudo. É o germe da nossa famosa cultura em que todos sabem tudo na certeza de que pouco ou nada sabem. Estamos na era dos doutores, todo o mundo quer ser doutor! De tudo isto você, caro Miró, escapou na sua desprezada condição de quadrúpede que, aqui no Brasil, pode ser inferior, mas sem perigo, porque na China o perigo da panela estaria sempre presente, tanto mais com sua boa saúde e seu bom peso!

– Como é o estudo hoje?

– Não seja maldoso Miró, pois esta pergunta é capciosa. Não é certamente como no meu tempo; lá, há mais de meio século, fiz o secundário no único ginásio público de São Paulo; hoje há centenas deles. Meus professores foram homens ilustres, deputados, senadores, grandes pintores, matemáticos e famosos literatos. Sabe que lá estudei 7 línguas?

– Que língua? Só conheço as de vaca quando bem cozidas...

– Ora, Miró, já começa com suas piadinhas. Língua é o mesmo que idioma. Acho que chamaram "língua" porque sem língua ninguém consegue falar idioma nenhum. Veja você, estudei grego, latim, francês, alemão, italiano, inglês e naturalmente a língua menos falada hoje pela nossa mocidade, o português. Você se espanta com esta do português; pois parece mesmo piada de português, mas hoje a turminha se entende mais com grunhidos e gestos do que pelo idioma de Camões. Com o tempo, a continuar assim, acabam latindo como você.

– Então, patrão, quem fala assim todos estes idiomas é idiota?

– Miró, você disse uma bobagem que, pensando bem, talvez não seja assim tão absurda. Sei que hoje, estudantes universitários não passam do português e do espanhol, assim, quem estudou sete línguas ficou como a própria palavra, bem parecido e próximo do idiota. Naquele tempo o único ginásio ensinava o que hoje se aprende no tal segundo grau e nas faculdades de filosofia juntas, com uma pequena diferença: hoje, com a democracia reinante, todo o mundo sabe tudo e, assim, o ensino fez a grande descoberta da cultura ignorante que se espalhou e chegou a todos os pontos do território nacional. É a cultura para todos, como compete a um país subdesenvolvido. A coisa está tão firmemente difundida que fez a fortuna de grandes tratados de cultura moderna de belas figuras, as revistas caras e tantas outras de muitos quadrinhos e poucas letras, que enriquecem nossos conhecimentos. Depois vamos certamente voltar a esta sua pergunta marota e sabiamente canina.

Bem, daqui para diante continuemos o diálogo, porque é "conversando que se entende" (o tal diálogo de uma fala só que é tão apreciado pelos ideólogos). Mas houve uma grande diferença: você, já casado com Tatá e com vida estabilizada; eu segui meu caminho, formei-me médico, casei, constituí família, agüentei firme as modas separatistas e, assim, cheguei também à estabilidade familiar que permite esta conversa com você, meu caro Miró.

Mas há tanta coisa dentro de minha cabeça que, francamente, não sei por onde começar. Não me olhe assim, com este focinho de espanto, esta interrogação como se eu o estivesse ameaçando com uma enchente apavorante como a que está havendo no sul do Brasil. Estou realmente cheio de idéias que pedem descarga e desabafo, mas certamente não vai haver desabrigados nem as clássicas promessas do governo; "tudo está sob controle", menos a chuva e as águas que teimam em continuar enchendo tudo e todos. Sossegue, pois como um riozinho bem comportado vou desaguando aos poucos, sem o perigo de encher ninguém.

É uma pena que você não saia de casa e não ande pelo centro da cidade, o antigo e famoso Triângulo, onde tantas vezes na minha adolescência fui comprar manteiga fresca para minha mãe, pois só lá, na Casa Duchen, era encontrada. Hoje temos que engolir uma pseudomanteiga, a margarina que na TV se põe aos quilos no pão para mostrar a delícia deste mundo moderno de fartura de figuras. Mas como dizia, se você fosse ao Centro veria um São Paulo diferente do daquele tempo da garoa.

– O que é garoa, mestre?

– Ora, Miró, garoa era a marca registrada de São Paulo, e hoje só existe nas poesias saudosistas. O registro mudou muito; era uma tal de chuvinha miúda que caía no inverno por dias e dias encharcando tudo e dando o aspecto característico de um típico triste, conformado e ao mesmo tempo anunciador de boas colheitas pela umidade profunda do solo. Hoje garoa só tem no dicionário (os antigos), e quando muito o caipira chama a chuvinha persistente de "criadeira". Havia também a neblina, uma espécie de fumaça sem cheiro e úmida que tirava a visão à distância e prenunciava um dia de sol radiante, tudo isto porque São Paulo ainda estava na terra de onde subia a umidade, que se condensava na neblina que o bom sol dissipava para o azul de um belo dia. Mas isto é já história da Carochinha deste São Paulo de ontem. Já vê você que não é de sua época. Hoje temos também um substituto da neblina que é a poluição.

– Poluição?

– Que cara é esta Miró, poluição não é polução, que pelo menos era de noite e no fim de um belo sonho erótico (já não mais existe, porque os sonhos se tornaram realidade). É um treco que no fundo é apenas a sujeira do ar ou do rio ou da vista, ou dos ouvidos, ou de tudo junto. Vou dar um exemplo meio cru mas que pode esclarecer: você liga um ventilador ao máximo de rotação e pega uma boa porção de..., você sabe, joga no ventilador e então esta coisa cheirosa se espalha por todos os lados e polui tudo, isto é, suja tudo o que antes era limpo e bonito. É isso aí, substituiu-se a garoa das cantigas antigas pelo ventilador moderno assim trabalhado.

Mas voltemos ao Triângulo que era a geometria das três ruas, São Bento, Direita e 15 de Novembro. Neste centro tínhamos a alma de São Paulo. O que comprar, o que ver, com quem conversar e, sobretudo, a beleza do povo, especialmente da mulher. Sabe que a paulista era mulher bonita de chamar a atenção?

– Você acha? Hoje não vejo nada de extraordinário!

– Acho, sim; vi e sei que as filhas de italianos aqui nascidas neste começo de século eram belas mulheres; que seios, Miró, que corpos, que Sofias, que Lorens, que Ginas, que Lolobrígidas! Bem, como a garoa, que virou poluição, assim também aconteceu com a população do Centro. Se você fosse lá teria a impressão de que estava noutro país, o que de certa forma é verdade. Algo assim como um bazar árabe com ruas atravancadas de ambulantes que apregoam tudo, de mistura com o Pátio dos Milagres de Paris, como nos romances de Victor Hugo.

– Ouça, mestre, o que são os Direitos Humanos? Existem também direitos caninos?

– Os teus direitos, Miró, são os que eu te dou; mas entre nós, homens, eles existem. É uma expressão mágica, DIREITOS HUMANOS, coisa velha desde a Revolução Francesa, de um tal Rousseau. Na Revolução Francesa cortaram a cabeça de todos os que mandavam e tinham dinheiro e depois, na liquidação final, cortaram as cabeças entre si, de modo que a solução foi voltar de novo a um rei e senhor como antes da Revolução, coisa de homens, Miró, pois não se conhece de nenhum cachorro que tivesse tomado parte no tal espetáculo. Bem, voltemos ao Direitos Humanos que menciono aqui pela primeira vez, mas que estarão presentes pela nossa conversa afora. Além dos mercadores "árabes" temos que, na base dos D. H. (direitos humanos), os privilegiados deficientes são também vendedores.

– O que é deficiente?

– São os aleijados, cegos, surdos, enfim, todos os homens que por várias razões não são normais. Estes sobrevivem vendendo bilhetes de loteria e quejandas. Mas com esta megalópole que é a São Paulo de hoje, o Centro é uma passagem, sem falar do centro de compras. Assim, as ruas passaram a ser rios caudalosos de gente. Acrescentem-se os trombadinhas, os "de menor" que são os "descuidistas", os basbaques e hoje os desempregados, e temos aqui o São Paulo de hoje.

– Então, se tem mais gente, mulher bonita não falta!

– Caro Miró, adeus às belas paulistas, adeus ao Centro limpo, como adeus à garoa! Hoje é tudo gente de fora que desaguou em São Paulo, todos desconhecidos. Não há mais paulista, é uma raça que vinha dos bandeirantes, mas acabou. Hoje só brasileiro, já que tudo isto é Brasil.

– Mas como aconteceu esta invasão?

– Sabe, Miró, dizer o nome do santo é fácil, mas duro mesmo é saber como ele foi canonizado. Este São Paulo de hoje tem raízes antigas no "pogresso" deste século XX e na solução dos "poblemas" brasileiros. Na década de 30 as comunicações com o Norte eram por terra e por mar, pelos navios mistos de cabotagem, entre eles os Itas. É a bela cantiga do Caymmi, "Peguei um Ita no Norte – pra vir no Rio morá...". Era assim: nos camarotes vinham os ricos e remediados e na ré, todos dormindo em redes, o pessoal pobre. Ora, por Ita que tivesse a turma era pequena, e assim, vinha mais gente bem que gente nada, de onde se formou o grande contingente dos habitantes da Capital, o Rio de Janeiro, sede do governo e berço da criação do funcionalismo público federal. Outra via de penetração do sul foi o Velho Chico, o rio São Francisco, que trazia o pessoal até Pirapora, MG, de onde o famoso "trem dos baianos" despejava a turma também no Rio. Estes últimos eram os deserdados da sorte. Lá pelos anos 20 eu tinha um professor de medicina que, vendo um deles na enfermaria, dizia: "coitado, veio da Bahia a pé".

Mas com esta pequena migração, de lambuja, foram-se formando as primeiras favelas do Brasil nos morros do Rio de Janeiro, onde não se faziam casas e onde o mato foi sendo substituído pelos casebres. Afinal, clima quente como o do Norte, vista bela como nenhuma, vizinhança das praias, lugar público para todos numa cidade em franco progresso, era oportunidade para não ser perdida. Assim, ricos, remediados e pobres passaram a usufruir a vela Bela-Cap, até que a história do ventilador também chegou, e hoje a violência é lá o que a garoa foi aqui em São Paulo.

Mas voltemos ao processo de comunicação. A velha rotina dos Itas beneficiou quase exclusivamente o Rio, pois São Paulo atraiu mais os europeus, mais afeitos ao seu clima frio e irregular, sem as delícias do mar e seu acompanhante o *dolce far niente* dos desocupados e filósofos. Aqui se trabalhava duro, lá se vivia e lá estava a nata da sociedade e da cultura brasileira.

Mas o começo do fim veio daqui mesmo pelas idéias de um paulista de Macaé, cujo lema era: "governar é construir estradas". Assim, iniciou-se a transformação do Brasil: de um país pitoresco com regiões mais ou menos estanques com um povo satisfeito consigo mesmo, com suas tradições e costumes, naquilo que é hoje uma rumorosa confluência de correntes migratórias com carências de toda ordem e onde a salvação está no já citado D. H.

Com a construção da Rio-Bahia, marco inicial das rodovias asfaltadas brasileiras, estava formada a rede de vasos comunicantes. São Paulo, no processo do Milagre Brasileiro a partir da década de 50, desenvolveu sua indústria, sobretudo a automobilística com a maciça participação do capital estrangeiro, o que atraiu a pobreza do Brasil inteiro na busca da prosperidade tão apregoada. E aqui estamos hoje com os que vieram e progrediram e com os que continuam vindo, ouvindo ainda o longínquo eco da miragem paulista e engrossando as favelas que se avolumam a cada dia. Eis aí, Miró, a conseqüência de um fenômeno social que adiante explicarei a você, a pressão demográfica, a satânica ramificação da lei da Natureza que castiga os pobres fazendo-os multiplicarem-se com suas carências e com a ironia da ciência moderna que os mantém vivos para melhor "gozarem" as delícias deste mundo para eles certamente "cane"!

Por este processo social incontrolável São Paulo é hoje uma cidade inchada e não crescida naturalmente.

– Inchada? O que é isto, mestre?

– Miró, esta é uma pura questão médica. Quando o coração está fraco e sem forças, a circulação no organismo perece e, para que não haja colapso, os tecidos retêm a água do sangue que se acumula no que é o inchaço. Ora, São Paulo está inchado pela pobreza do Brasil inteiro que aqui chega diariamente na busca deste ex-Eldorado e se acumula na periferia, isto é, vai inchando a cidade num crescimento artificial, substituindo o mato que a cerca para radicar-se, porquanto se é ruim aqui pior é de onde vieram.

– Espera lá, e o tal coração fraco como é que fica?

– Bem, a resposta é longa e ramificada: aqui o coração falha por muitos motivos, desde a inércia até os remédios suspeitos, antes venenos que mezinhas que serão objeto de outras considerações mais adiante. Mas a prova de insuficiência de todos estes tratamentos é que o inchaço continua com perigo de infecção que pode virar abscesso e precisar de cirurgião que, com a espada, lanceta e acaba com a doença que já vai longe. Assim, ou se troca de "doutores" ou se usa a espada, porque São Paulo, como dizia o Adhemar, "não pode parar".

Assim, está formada esta majestosa bagunça paulista, onde todos gritam e ninguém tem razão, porque falta o essencial, o pão do bom-senso e da honestidade de toda esta gente que explora o povo intitulando-se seus líderes e defensores, como explicarei mais adiante, pois este capítulo de nossa cidade pede maiores esclarecimentos.

— Diga-me, chefe, o inchaço que é água nos tais tecidos do corpo, entendo, mas na cidade o que é? Vejo tanta gente que não acaba mais! Isto tem algum nome?

— Certamente, Miró, você observou bem, há evidentemente uma força contínua que faz com que cada vez haja mais gente e esta força chama-se pressão demográfica.

— Explique isto, mestre, pois não vejo porque cada vez mais gente seja pressão, não seria até um progresso?

— Ah, Miró, se você soubesse as futuras desgraças que estão atrás da pressão demográfica você se arrepiaria, não fosse teu pêlo tão curto. Eu explico: pressão você deve saber, porque é o que você faz todos os dias na mesa do café insistindo para que eu vá dando seu pedaço de pão. Demografia é palavra complicada, mas não é o que você está pensando: *demo* = demônio e *grafia* = escrita, isto é: "escrita do demônio". Aliás pelo que anda por aí vejo que há mesmo algo de certo nesta expressão. Vou explicar direito: *demo* no grego é povo (eles já sabiam de velho que o povo é fogo mesmo) e *graphein* quer dizer escrever. Assim, para arredondar, demográfico quer dizer populacional. Pressão demográfica ou pressão populacional ou, melhor ainda, gente demais.

– Calma, patrão, você falar em gente demais num país do tamanho do Brasil parece piada. Aqui há lugar para um bilhão de almas, como na China!

– Você, Miró, é cachorro sabido mas teórico. Não queria estar na China de hoje com o sufoco em que estão com o tal bilhão que já se somou a mais 200 outros milhões e que neste momento sei lá quanto mais e assim a cada minuto que passa.

– Mas só temos 124 milhões (164 milhões em 1999) para a mesma superfície de terra!

– Tínhamos, Miró, pois aqui também se trabalha ferozmente nesta fábrica que não pára. Li recente estatística em que se atribuem ao Brasil 132 milhões. Por isto sou obrigado a dizer que você é cachorro mesmo, ingênuo e crédulo. Pressão demográfica não tem nada que ver com terra deserta, não explorada ainda, é gente demais quando tem comida de menos, e para ter comida de menos é preciso ter trabalho de menos e portanto dinheiro de menos, pois como já dizia o grande Lênin, ou foi o Marx, um deles, quem não trabalha não ganha, ou melhor, não come.

– Então, chefe, por isto que você acaba de explicar é que um ministro num momento de lucidez respondeu ao argumento do tal excesso de terra que então seria povoar o Brasil com a miséria?

– Isso mesmo, Miró, povoar com gente faminta não resolve nada, pois tem que ser tudo bem articulado, e somente com gente nascendo as coisas só vão piorar. Vou explicar com um exemplo aqui mesmo do seu quintal: você e Tatá têm a tigela cheia de ração e uma bela vasilha de água fresca. Tudo bem, se todos os dias eu renovar e encher tudo de novo. Mas se eu viajar e ficar uma semana fora, o que vai acontecer? Vocês passarão fome por falta de ração e sede por falta de água. Vamos supor que, em vez de viajar, eu solte no quintal mais 8 cachorros para fazer companhia a vocês. Num segundo vai desaparecer a ração e a água, ainda que eu reponha diariamente a mesma quantidade. A conseqüência é que vocês, cães, se tornarão irritados, agressivos, vão brigar e até morder não só uns aos outros como aos seus donos. Isso entre nós se chama: lutar pela sobrevivência, entendeu agora? É a tal história, pimenta nos olhos dos outros não arde e talvez por isso é que você não entendia o que eu explicava, como a maioria dos nossos dirigentes, que também não se interessa pela questão.

Mas eu dizia que a tal pressão demográfica podia também ser entendida como a pressão do "demônio da escrita". Você sabe o significado popular da palavra escrita (estou com a escrita atrasada). O desejo quando agudo é de difícil controle, pode ser um verdadeiro demônio dentro da gente. Por causa disso é que existem os estupradores, que agarram mulheres à força. Mas no sentido social esta pressão é mesmo coisa do diabo, pois causa as desgraças que vêm se acumulando e se acentuando a cada dia que passa. Isto acontece porque, como sempre, é a imensa pobreza nacional a maior e mesmo a única vítima desse tal "demônio da escrita"...

* * *

Mas tenho que interromper neste ponto porque soa em minha cabeça uma notícia de última hora, o tal de "O Plantão da Globo" ou do rádio ou do vizinho que informa: ... e aí vai a desgraça. É o caso do nosso presidente, você sabe, o popular e querido João, é aquele que anda meio diferente (é grande andador de cavalos). Pois bem, sofre das coronárias; não sabe o que é? É a Sabesp do coração e no momento há reclamações e precisam examinar e ver se há cano entupido e se tiver, fazer os reparos necessários; até aí só é de lamentar e desejar o melhor para o nosso presidente. Poderia dizer presidente deles, pois não foi eleito pelo povo, mas afinal é o que manda e portanto não se discute. Mas como ia dizendo, ele precisa fazer o tal exame, coisa simples que se faz às dúzias diariamente, em São Paulo pela turma do Zerbini.

– Quem é o Zerbini?

– Ora, Miró, não interrompa, todo mundo sabe que é um cirurgião dos primeiros a tirar um coração de um morto e trocar pelo estragado de um vivo, o chamado transplante do coração. Mas agora cale a boca e ouça. Como ia dizendo, tinha que fazer o tal exame porque estava na hora de fazer. Mas a doença dos canos do coração não estava mais assim de morrer. O João fez uma marcha de 40 minutos nos 32º à sombra da praia de Copacabana, assistiu a diversas solenidades no Rio, depois voltou a Brasília e na hora em que o PDS (Partido do Governo), do qual é o chefe, fazia uma eleição com "briga de foice", ele assistia a um concurso hípico, que é um negócio em que uns belos cavalos com uns elegantes cavaleiros pulam um monte de cercas e todo mundo bate palma (não é como no futebol, onde todo o mundo berra e xinga). Bem, o partido do governo votou e o presidente ficou "irritado" (ontem diziam que só triste) porque perdeu. Bem, tudo continuou na boataria de sempre. Ia me esquecendo de dizer que o tal exame do coração ia ser feito em Cleveland (pronuncia-se Cliveland, é mais *chic*), nos USA. Na véspera da partida o presidente reuniu o Conselho de Segurança Nacional (uma turma que garante a ordem no país) e disse que durante dois anos os assalariados (os que ganham por mês salários para poderem viver) passam a ganhar 20 e tantos por cento menos do que o custo da comida. Você não entendeu? Bem, suponha que no começo do ano você coma meio quilo de ração por dia, tudo bem, barriga cheia. Seis meses depois eu passo a dar 400 gramas, depois de 6 meses 320 grs., depois 256, depois 205. O que aconteceu? Você ficou magrinho e com uma fome danada. Aí, acaba o decreto e você volta ao meio quilo e fica feliz e gordo de novo. O diabo vai ser você agüentar 2 longos anos. Bem, mas isto é política e coisa que só interessa à grande maioria que vive de salário, e eles que se arrumem. O homem disse que era uma necessidade por causa da nossa imensa dívida, que era pílula amarga (para os outros) e que se sacrificava dando essa ordem para não prejudicar o vice-presidente que com a voz embargada disse que aceitava "com firmeza" sem igual o espinhoso cargo. Disse, falou e embarcou para os USA. Mas tem um porém: para fazer um exame que podia ser feito aqui com o Zerbini, o governo (isto é, nós) pagou um avião DC-10 (300 lugares) da Varig, onde embarcou apenas com 27 pessoas, você sabe, a turma – mulher, irmão, ministro, médico, segurança, secretário, etc. e tal – (e lá chegando já tinha outra turma esperando, e o avião também fica esperando) e foi para uma suíte de 4 quartos, enquanto o pessoal, coitados, sacrificados, ocupam os 2 últimos andares do hotel do hospital (os brasileiros são muito barulhentos). Bem, tudo isso para fazer um exame e, se preciso, uma operação que se faz aqui às dezenas por dia. Eu que sou médico aposto que o exame vai dar negativo, pois 40 minutos a 32º à sombra na praia de Copacabana no Rio, se fosse eu teria caído duro e no anonimato.

Agora, você sabe, Miró, o Brasil está encalacrado de dívidas até o mais alto fio de cabelo, se eles fossem em pé, assim este dinheirão gasto não tem importância (foi tudo dólar, Miró, dólar que é um papelzinho verde que todo mundo quer mas não tem); assim, é como a tal filosofia do malandro: o endividado deve fazer mais dívidas para impor respeito ao cobrador. E estamos conversados, Miró, você continua a apertar o cinto porque é preciso dinheiro para pagar estes magníficos trabalhos de representação do maior país do mundo. Agora, aqui entre nós, se precisar do mesmo exame do coração eu levo você ao Zerbini, que é meu amigo, e ele, tenho certeza, fará exame de graça. "Voltamos à nossa programação habitual..."

Filosofando com o "Miró"

* * *

Falava da pressão demográfica. Agora você entende o que quer dizer, isto é, onde comem com satisfação 4 bocas (pais e dois filhos) comem cada vez menos a cada filho que nasce, e quando chegam a 10 ou 12 então é fome mesmo. Isto na maioria dos caipiras das roças e das favelas, pois aqui, educação, se houver, é de graça, paga pelo governo. Se o fulano for mais aquinhoado, isto é, ganhar um pouco mais, vai querer dar melhor educação e neste caso onde estudam dois não podem estudar 10! Tá claro Miró? Acho que até você, com seu ar inteligente, entende o problema. Mas aí o negócio complica porque o Brasil é país "novo", só tem 400 anos, mas começou com uma bem cultivada e engrossada escravidão. Sabe, escravo era o índio e depois o negro que não tinha opinião, pedia licença para falar e dizia "Sim Sinhô" e tá acabado ou acabava em chicote mesmo. Aí começou a camada rica (os donos) e a pobre (o resto).

– Mas chefe, pelo que sei não vejo grande diferença com o que se passa hoje em dia.

– Miró, esta é opinião sua e não minha. É verdade que ainda ontem tinha um tal de "sabe com quem tá falando" e, sendo doutor, o outro mudava de assunto (hoje todo mundo sabe com quem "tá falando" e agüenta firme). É o caso do delegado que manda o preso explicar e quando ele vai falar manda calar a boca porque preso não fala, só ouve, na base do "pé do ouvido". Bem, se assim é, era só tomar providências enérgicas para permitir que a turma parisse menos sem prejuízo do gostosinho. Para isso há elementos modernos, como a pílula anticoncepcional, o DIU (dispositivo intrauterino) e um outro, semelhante ao que os egípcios já usavam 1.000 anos antes de Cristo (que sabidos!). Isto quanto às mulheres, mas há ainda uma providência que pode ser tomada pelos homens: a ligadura do canal deferente (vasectomia), isto é, interromper a passagem dos espermatozóides, eliminando assim a capacidade de fecundar a mulher. Tudo isto, se houvesse interesse honesto pelo bem-estar do povo brasileiro, poderia ser adotado como fazem com tanta energia no combate ao sarampo, à paralisia infantil, à meningite, à doença do João e ao pagamento da dívida externa em pacotes periódicos. Acontece que nada se faz.

– Mas, por que esta inércia, patrão?

– Você estranha e eu também. Como vê ambos pensamos (não falei em inteligência). Andaram uns ingênuos destes americanos difundindo o tal DIU entre famílias parideiras do Nordeste. Foram escorraçados porque queriam esterilizar a mulher brasileira em favor do imperialismo norte-americano! Mas estas famílias grandes, pelo jeito são intocáveis, você sabe, a mulher parir um filho por ano como vaca de curral é coisa que para os homens não dói, sobretudo aqueles que adotam os métodos certos e têm famílias pequenas. Logo, estes defendem as parideiras com ardor. Agora, nunca vi alguém perguntar a elas se preferiam ter 2 filhos ou 18, como conheço uma que teve e estava quase para ser internada no hospício. A coisa por aqui continua na base do crescei e multiplicai-vos.

Você, Miró, tem experiência própria, não sei se se lembra que quando do primeiro cio da Tatá você esteve num hospital, dormiu e voltou para casa. Acontece que na ocasião uma veterinária ligou seu canal deferente; explico, cortou o canal que leva o espermatozóide, assim quando você se diverte com a Tatá ela não fica prenhe e não há filharada nem pressão canina no quintal. Simples, não? e você continua bem de saúde, para felicidade geral do quintal. Não pense que é só aqui no Brasil que não se faz nada. Toda a América do Sul e do México para baixo, países ricos de filhos, com população jovem, mais de 50% abaixo de 20 anos, dormem no sono profundo da inconsciência do perigo e da fome explosiva que se aproxima. São todos países católicos.

– Mas mestre, não chega a doença do país e do João e você está trazendo a religião para complicar mais as coisas?

– Preste bem atenção no que vou dizer, Miró, Religião e Igreja como entidade formada por homens são coisas diferentes. Quando eu falo aqui da Igreja estou me referindo à organização mundial cuja sede está no Vaticano composta por homens como eu, que administram a religião. Veja bem, Miró, só administram e se quiser representam e interpretam a palavra de Deus, mas são homens com todas as qualidades e defeitos dos outros homens, nada excepcional como se poderia fazer crer.

– Você não poderia então definir a palavra Religião para não haver mais dúvidas nem confusões?

– Certamente, Miró, é só copiar o dicionário: "Religião: Crença na existência de uma força sobrenatural considerada como criadora do Universo e que como tal deve ser adorada e obedecida". Como vê, Miró, não confundir Igreja com Jesus Cristo, Este é Divino e Imortal, aquela é a intérprete e executora da palavra de Jesus, portanto mutável segundo os homens que a compõem no momento da História.

– Então, mestre, é por isto que houve tantos altos e baixos na história da Igreja?

– Você disse bem, Miró, e a prova é que a Inquisição que pôs tanta gente na fogueira nos séculos passados, em nome da religião, foi recentemente condenada pelo atual Papa. É o que Cícero já dizia *o tempora, o mores*. Jesus Cristo, como divindade, está acima de nossas contingências de simples mortais.

– Entendi esta diferença básica e não vou confundir Religião com Igreja. Mas então pergunto o que tem que ver a igreja de Deus com a política dos homens?

– A rigor são duas coisas completamente diferentes e separadas e você com esta pergunta mostra que entendeu a situação. Mas hoje em dia, a Igreja resolveu defender os pobres com unhas e dentes e outros ingredientes como o ativismo político.

– Então, chefe, deve haver um interesse humano dos homens da Igreja nesta nova linha política?

– Certamente, Miró, porque, quem hoje não se politiza (isto é, mete o bedelho em tudo – o tal de Direitos Humanos) está perdido e a Igreja, que é sabida, entrou nessa. Bem, para ela o ser humano tem que procriar como Deus mandou, a vida dos rebentos é sagrada e que Deus ajude os crescidos, pais e irmãos, porque para estes o governo tem que dar um jeito e "está decretado e cumpra-se". Assim, a Igreja protege o pobre com a "conscientização" dos seus direitos, via comunidades eclesiais de base e promove sem querer o aumento da miséria do Brasil. O governo dá alguns vagidos, vai promover a paternidade responsável, vai fazer isso ou aquilo, mas só vai, isto é, futuro. Mas logo, no presente, vem um chefão da Igreja e defende os direitos humanos que as multinacionais impedem porque querem brasileiro faminto trabalhando barato. Neste meio tempo o jeca, que não é trouxa, para isso que é brasileiro, descansa de dia e de noite trabalha que o gostosinho é o mesmo para todos e a única coisa de graça que tem. E assim lá vem o filho por ano e tudo vai no melhor do mundo. Acho que você como que meio entendeu. Depois eu explico como é este negócio do "Partido dos Pobres", coisa complexa, histórica e filosófica.

Mas este negócio de deixar a turma parir a perder de vista é só em países muito muito, aqueles que se dizem subdesenvolvidos, que devem até as orelhas e que se sentem perseguidos pelos ricos. Mesmo assim há alguns sabidos que têm o chamado "bom senso" e onde os políticos têm também o chamado "espírito público", sinônimo de honestidade e interesse pelo povo. Um deles é a Indonésia.

— O que é isto, mestre?

— Ora, Miró, você não conhece geografia? Até parece nossos formados em 2º grau, puxa! É um grande país da Ásia, muito menor que o Brasil, mas com mais gente, milhões de habitantes vivendo em milhares de ilhas. Pois bem, lá era como aqui, filho em penca e fome à espreita. Vai o governo (lá não tem religião católica) e falou e cumpriu. Em 10 anos diminuíram os nascimentos em 50% e o crescimento demográfico caiu de 2,5 por mil para 1,4 por mil.

As famílias pararam de crescer, o céu não veio abaixo, Deus não botou todo mundo no inferno, pelo contrário, o bem-estar continuou e o futuro está mais cor-de-rosa. Para isto o governo mobilizou todo o país, organizou 40 mil postos de atendimento e orientação das mulheres e conseguiu o que queria.

– Mas, chefe, você não acha que asiático é bronco?

– Miró, você é cachorro mesmo. Muito antes de Pedro Álvares Cabral descobrir o Brasil, em 1500, eles já eram de uma cultura milenar e rica. Saiba que o macarrão, o papel, a pólvora e muita coisa mais veio da Ásia para a Europa. A única coisa que eles não sabiam, e foi ensinada pelos europeus, foi a safadeza (hoje já aprenderam), coisa de que nós damos lições apesar de sermos apenas velhos de 400 anos. Agora, os países da Europa, os chamados ricos, não precisam de orientação nem de politização, eles já praticam o controle dos nascimentos (aqui o controle da natalidade é deturpado e informado pelos jornais e rádios que é ditadura sobre os casais, o que é mentira) porque são inteligentes, cultos e sabem que, apesar de ricos, com 2 filhos você pode fazer muito mais por eles do que se houvesse 10. Lá não é questão de fome como aqui, mas procuram dar aos poucos filhos melhor educação e maiores oportunidades. Aqui, com esta teimosia suicida de ignorar o problema, nossa perspectiva é desemprego (cada ano há necessidade de 1,5 milhão de novos empregos para os que crescem, e estamos na base de mandar embora os que trabalham hoje) e mais adiante uma implosão social, o emprego da força e uma nova ditadura, seja da direita seja da esquerda. E viva o Brasil!

Filosofando com o "Miró"

* * *

Desculpe, mas nova Notícia de Última Hora do plantão-plantão: o João acaba de ser operado e como é o João mesmo, em vez do implante de duas pontes (não é a Rio-Niterói) de safena (veia vagabunda da perna) teve duas pontes da mamária e vai tudo às mil maravilhas. Você, Miró, tem sorte e sabedoria, vai dormir como as galinhas, cedinho, e não viu na TV a satisfação geral, os sorrisos e o outro eu sonhando com 30 dias de boa vida, compras, passeios (tudo em português, pois essa turma não dá bola para a língua ou a pena do Shakespeare). Assim é aquela história de apontar, puxar o bolo de dólares (oficiais e baratinhos) e comprar, comprar; há tanto computadorzinho barato! Enfim, uma alegria geral com o nosso querido e bom presidente e naturalmente a volta no DC-10 sem alfândega! Saúde e alegria é o que se quer. Quem está rindo amarelo são os sulistas, você sabe, este pessoal louro do Sul, tudo meio italiano e alemão que plantam para "nóis comê". Estão numa Veneza de lascar, só ilhotas com gente acenando, acho que estão se divertindo à beça como a turma de Cleveland. Depois, Miró, eu conto quanto custou a excursão cardiológica, pois tenho certeza de que os jornais, sempre atentos com as transgressões dos D. H., vão informar os dólares gastos, pois até agora não deram um pio, assim como os oposicionistas. Sabe como é, ninguém está livre de ter que operar coronária em Cleveland, como já provaram 3 ministros e mais 147 outros brasileiros "daquém e dalém" governo. Assim, aguarde informações logo que saírem, pois aqui há democracia e assim sabe-se tudo o que se deve saber.

Nesta altura do campeonato, um conselho e uma autocrítica. Errei quando disse que o nosso querido João, fazendo Cooper em Copacabana, o exame seria negativo. Lição de pretensão a futurólogo até para um médico velho como eu; assim, Miró, seja humilde e nunca se precipite em fazer previsões. Mas também tinha certa razão, pois o João foi operado nas mesmas condições arteriais de 1981. Mas a tendência era de piorar a arteriosclerose, daí a indicação de uma cirurgia curativa e sobretudo preventiva. Por ter uma deficiência relativa da circulação é que andou bem os 40 minutos em Copacabana. Outra lição, Miró, o exercício e o Cooper não impedem a obstrução das coronárias, o nosso João que o diga. Guardemos todas estas lições da vida! Mas "Voltamos às Nossas Programações Normais".

* * *

Sabe, Miró, o que me encafifa? (encafifar no dicionário, vulgo "burro", quer dizer = envergonha, encabula, vexa) é porque a Igreja é contra o controle da natalidade. Dizem que é coisa de teologia, o direito à vida (a primeira reação contra a pílula foi a encíclica HUMANE VITAE que se não me engano quer dizer "do direito à vida humana"). É mesmo muito estranha esta atitude porque a pílula apenas impede a ovulação e, assim, sem óvulo não pode haver fecundação, não há portanto destruição de vida nenhuma. Mas mesmo assim a pílula foi proibida e ameaçada de ir para o inferno junto com quem toma e tudo o mais. Por que, se não há aborto nem destruição de nada, só o gostosinho puro e simples (coisa de que todo mundo que pode usa e abusa)? Sou contra o aborto, você sabe que sou ou fui psicanalista e sei perfeitamente o trauma de uma mulher que pratica o aborto que, afinal, é uma destruição traiçoeira de um ser vivo, inerme e sem defesa, a única coisa que faz é estrebuxar diante da cureta e nada mais. Já o DIU (dispositivo intra-uterino) tem outra ação anticoncepcional: ele impede a nidação no útero do óvulo fecundado. É o que acontece no galinheiro, o galo todo garboso sobe na galinha que depois sai de fininho meio desapontada. O ovo está fecundado e em vez de ir para a chocadeira para nascer o pinto, vai é para a panela e tudo bem! O DIU faz a mesma coisa, só que não se come o óvulo que é apenas eliminado. A Igreja diz que é aborto em nome dos D. H., há opiniões divergentes, mas acho que é uma discussão emocional e estéril, questão de "lana caprina" que satisfaz "forças ocultas" que querem impedir a ação oficial do controle da natalidade. A mulher egípcia, muito antes de Cristo, já usava como anticoncepcional uma esponja limpinha embebida em limão (ácido cítrico) que quando chegavam os espermatozóides era um bangue-bangue que não sobrava um sequer. Como vê, Miró, controlar natalidade é coisa antiquíssima, mas a pressão demográfica de hoje obriga a encarar o problema com objetividade e sem demagogia.

Pensei longamente sobre o assunto e eis as minhas cavilações (do dicionário = ironia maliciosa): primeiro pensei, esse pessoal do Vaticano é tudo gente velha e na inveja querem complicar a vida dos outros. Depois repensei, olhei em mim mesmo que sou velho, e achei prudente retirar o mau pensamento! E qual a razão se o próprio Papa encarregou uma turma de cientistas de examinar o efeito da pílula e eles foram favoráveis ao seu uso (é o que dizem certos abelhudos de jornal). De bola em bola vai-se bolando o pensamento. Daí pensei: será que essa gente de Roma quer povoar o mundo com apenas 4 bilhões e 721 milhões (6 bilhões em 1999) de habitantes (bilhão você sabe o que é, Miró, pois aqui já se fala em trilhões de papel pintado chamado cruzeiro). Mas povoar por quê, se a América do Sul tem tantos famintos dando cria sem parar? Aí pensei, esta turma deve ter olhado no mapa da América e visto tudo verde e bonito como a Amazônia e daí imaginado um novo Jardim do Éden. Podia ser, pois padre entende de teologia (dicionário de novo = ciência dos deuses) mas nada de geografia nem de geografia humana. Também não bate. Será que é para não impedir o prazer das dores do parto de tantas mulheres pobres? Também não acho provável, pois o INPS faz cesária em toda mulher parideira para evitar que a coitadinha tenha dores (e nós pagamos, naturalmente). Aí comecei a ver uma luzinha lá no fundo da minha mente, que foi crescendo à medida que ia chegando perto. Pensei, Miró, aqui há dente de coelho (da gíria, aqui há algo escondido pois no coelho a primeira coisa que se vê é o dente na frente como você vê todos os dias no desenho animado). É, pode ser. Mas de novo, por quê? Você sabe, uma coisa puxa outra e pensando é que a gente se entende. Lembrei do *sputinik* e da corrida espacial. Ora, o que antes era céu e inferno, baluarte das religiões, passou a ser coisa conhecida. A turma foi até à lua e, que eu saiba, ninguém chegou queimado com o fogo do inferno nem viu anjos voando, só outros satélites, espiões ou não. Comecei a cavilar: pelo jeito o céu e o inferno acabaram, pois até 1957 era tudo visto só de luneta e agora está tudo cheio de satélites que até já deixaram o sistema solar (o tal negócio que quase botou Galileu na fogueira).

– Explique, mestre, que negócio de Galileu é este?

– Você não sabe quem foi Galileu? Todo mundo sabe – disse que a terra girava em torno do sol e não o sol em torno do Papa e daí já começaram a ajuntar lenha – escapou por pouco. Mas continuo: se acabou o inferno, como convencer a turma que ou crê ou vai direto no trem do pecado? Resultado: começou a debandada dos fiéis, pois a concorrência é muito grande: protestantes, umbanda, candomblé, igreja brasileira, seitas orientais e outras mais. Não havia jeito de segurar ninguém. Acho eu que houve sinal vermelho e as providências foram tomadas. A primeira foi a abertura política. Acabou-se o latim misterioso, era na língua do país, para que todos entendessem. Nada de idolatria com santo daqui e dali, o que vale mesmo é a doutrina de Cristo, o que é certo. (É verdade que ultimamente se tem acelerado o processo de santificação de contemporâneos, mas isto já é outra história.) Ora, Cristo pregou e defendeu os pobres das mazelas deste mundo, chamado vale de lágrimas. Para isto prometeu a recompensa e o nirvana do outro mundo. Pronto, estava feita a descoberta: se não há mais possibilidade de céu e inferno por causa dos abelhudos satélites, o certo é lembrar dos pobres, que é o material mais abundante deste mundo pletórico. Só que em vez de prometer o céu, dar logo o que há de bom aqui na terra mesmo.

– Mas dar quem?

– É lógico, Miró, o governo, seja ele qual for. É a fórmula milagrosa porque fácil e prática, não custa nada e o outro que se vire com as reclamações e pressões de toda ordem. Assim, a coisa melhorou muitíssimo. Em vez de união com os poderosos que são cada vez em menor número, a união com os pobres que existem em qualquer esquina e que serão os protegidos e cuidados pelo trabalho pastoral. Eureca! (de novo dicionário: eureca – achei, encontrei, emprega-se quando se encontra a solução de um problema difícil). É, Miró, você sabe que eu sou pesquisador, descobri muita coisa na minha vida de médico, de psicanalista e de historiador da arte sacra, mas descobrir é fácil, o difícil é explicar, como dizia o macaco-comediante: "eu só queria entender"... Aí é que está o X.

Como fazer a virada, se há tão poucos padres e freiras neste mundo triste de tentações sem freios e de tanta beleza humana que todos imaginavam mas ninguém tinha visto, seja em carne e osso seja em revistas coloridas? Bem, o jeito tinha que ser mesmo fazer o que faziam os comunistas, marxilizar os ignorantes, isto é, o que hoje chamam conscientizar (tradução: fazer o desgraçado saber que não tem agora o que devia ter, sofrendo e reclamando inutilmente seus D. H.).

Você sabe, Miró, política é coisa esquisita, unem-se hoje, separam-se amanhã e matam-se depois de amanhã.

Assim, diz o francês: *Noblesse Oblige* (os fins justificam os meios) e toca a falar, acusar, receitar e dar soluções do lado de cá e do outro lado, isto é, jornais olhados, lidos, ouvidos e vistos, a caixa de ressonância com a divulgação da fala. Mas como dizia, como atingir todos os pobres (pobre é todo aquele que quer o que precisa ou que não precisa mas sempre quer o que é dos outros) se não há padres nem freiras suficientes, que cada vez existem em menor número? Veio a solução inteligente: os bispos. Estes têm inúmeras vantagens: são indicados pelos cardeais e pelo núncio, isto é, o representante do Vaticano no país, e nomeados pelo Papa. Logo, são pessoas de confiança de Roma, seguem suas instruções, isto é, se entendem. Ora, bispo é bispo, voz respeitada e temida, pois manda, cumpra-se e nada mais. Nesta base, o Brasil, que no século XVI tinha um só, hoje tem cerca de trezentos. É muito mais fácil controlar estes bispos do que milhares de padres e freiras que podem aceitar ou discordar. Logo, é promover novos bispados e multiplicar seu número sempre que possível e com a mesma origem. Os bispos são como os executivos das multinacionais, ficam enquanto servem bem, se não são jubilados ou por idade ou por merecimento ou por doença, isto é, vão elegantemente para a reserva e dão lugar a um elemento cheio de entusiasmo e devoção. Assim, o conjunto está sempre homogêneo e atuante. Reuniões periódicas que as multi chamam convenções e os outros conferências. Planos, pastorais, pronunciamentos, recomendações e críticas, sempre na base dos outros fazerem e assim assistimos à felicidade dos pobres que vão conseguindo asfalto, canalização de córregos, luz, água, talvez geladeira, todos rádio e alguns TV e melhorias no INPS. Enfim, subindo na vida para uma minoria se tornar bom burguês como antigamente. Assim, fundou-se a Teologia da Libertação (libertação dos pobres por Deus), acho que do demônio e do domínio dos ricos e sobretudo das multinacionais americanas.

É o sindicato de bispos chamado Conferência Nacional dos Bispos do Brasil (CNBB) que se reúnem com os de outros países, enfim política no duro em benefício dos pobres, sempre esperando a contribuição do governo que, se não prestar, deve-se mudar o regime como costumam dizer os que estão de fora ou de baixo. E estamos conversados, Miró. A Igreja de Deus do meu tempo de criança (ajudei muita missa, comunguei criteriosamente sem tocar a hóstia nos dentes, fiz retiro e de vez em quando tomava um pouco de vinho de missa escondido) acabou e virou partido político competindo pelo mesmo eleitorado de Lenin, só que em nome de Deus.

Mas tem alguns poréns: tenho viajado pelo Brasil nas minhas pesquisas sobre arte sacra e tenho visto igrejas em abandono, descuidadas, padres que não se sabe que o são, pelo desalinho, e sobretudo poucos fiéis, quando o Brasil cresce com esta velocidade que sabemos.

De novo eu cavilo (já sabe o que é): por que será? Penso que penso e lá vem de novo a luzinha no escuro do pensamento. Em toda esta reviravolta da Igreja, o que sobrou para Deus e o Cristo que é dos homens e não só dos pobres? Será que o homem vai à igreja para pedir bens materiais, reclamar e reivindicar melhoramentos urbanos e quejandas? Ou será que a religião não é, se não a resposta, pelo menos o recurso supremo deste mundo dos vivos sempre sob a ameaça da morte? Pode-se substituir a angústia existencial do homem desde que o mundo é mundo pelo asfalto? Será que o homem já se conformou com a morte e a incógnita do desconhecido só depois da conquista espacial? Não pode ser, houve mudança da religião para a política e política é coisa do homem e não de Deus. A prova é que os fiéis debandam e procuram os cultos que falam de Deus, a quem recorrem com humildade e esperança; cresceu a umbanda, cresceram as seitas protestantes, as orientais, as espiritistas, todas ligadas ao homem, criatura humana nada tendo com o temporal e o dinheiro. É só ligar o rádio de madrugada para ouvir o Pastor e seus "milagres" e a palavra de Cristo com os hinos protestantes, aliás belos, de emissoras da América Central. Aqui não se fala de política, de reivindicação dos pobres, de D. H., só de Deus e das esperanças e consolo à alma e não ao corpo insaciável. Aqui está a grande diferença da Igreja que eu assisto transformar-se no que é hoje. Será que estou cego e não vejo a verdade moderna ou o Cristo da Redenção mudou do céu para a terra?

– Mas como começou tudo isto por aqui?

– Creio que sei o comecinho. Foram as reivindicações paroquiais da periferia sob a orientação dos respectivos padres. Assisti a uma delas, para a qual foi convocado um secretário da Prefeitura. No palanque de um caminhão o secretário falou e prometeu atender às reclamações de melhoramentos. Aí a turma, em coro, começa a cantar: "é só promessa" e depois "assine!, assine!", e assim por diante. O homem ficou apavorado com a perfeita organização da reunião. Vi também padres e freiras à frente de reclamantes até junto ao prefeito, no Ibirapuera. Lembra-se do episódio da Freguesia do Ó, onde até um padre apanhou na confusão? Bem, depois a coisa amadureceu e veio a organização das Comunidades Eclesiais de Base, assim, desapareceram padres e freiras que "sumiram", ficando apenas os ativistas locais ou profissionais. E assim, caro Miró, São Paulo vai ficando cada vez maior, com ruas asfaltadas, luz, água, canalização de córregos, com novos lotes e invasões sempre reclamando, sempre querendo mudar o sistema, mas tudo isto sem nada que ver com a verdadeira religião.

– Mestre, seu raciocínio me convence mas não entendo por que só agora se descobriram os pobres se eles existem desde o tempo de Jesus Cristo. Foram milhões de escravos e até este século não houve sempre pobres para serem protegidos nos seus direitos humanos?

– Boa observação, Miró, eu também não conseguia entender como houve esta reviravolta política da Igreja na direção dos pobres quando tanto eles como a Igreja sempre existiram.

– Você acha mesmo que esta nova e meritória atitude da Igreja veio depois da conquista da lua? Qual seria a razão dessa preocupação tardia pelos pobres?

– Poder, meu caro Watson (desculpe, Miró), poder, que é a ambição de todos; e a Igreja nunca deixou de ter o poder nas mãos. Pergunto a você, qual o maior partido, o que tem mais adeptos e o que tem mais votos para ter o poder? Certamente, pela lógica, o partido dos pobres e miseráveis, os mais numerosos. Qual o governo que vai se meter a argumentar com este poder? Nenhum, haja vista a nossa conversa sobre o controle da natalidade. Que se multipliquem os pobres e a miséria, desde que se tenha o poder. E você já viu que ele ia fugindo depressinha se não fossem as sábias providências tomadas e os brilhantes resultados. Agora é só reclamar, conscientizar e garantir o poder.

Mas, caro Miró, sempre há os poréns. Será que todos estes beneficiados estão satisfeitos com o que obtêm? Será que o dono de um lotezinho se contenta com sua casa de dois cômodos de bloco de cimento, asfalto, água e luz? Duvido muito, a natureza humana é insaciável, continuam reclamando porque nem no Jardim América o pessoal está satisfeito. Veja os ricões que poderiam sossegar: todos, mas todos, querem salvar a pátria. Sabe por quê? Poder, só poder, qualquer chefete de repartição sabe disso e quanto mais alto melhor e mais delicioso. É a sina imutável do homem em todos os tempos. A sede de poder explica tudo, o bem, mas sobretudo o mal, que tem sido a desgraça do homem em todos os tempos. Assim, chegamos ao absurdo de colocar Cristo ao lado de Marx como salvadores do homem, veja bem, só dos homens com saúde, porque em face da doença e da morte o verdadeiro Deus é Cristo, o Salvador dos homens. Até você, Miró, entende isto, mas a sede de poder cega os homens e o que se vê é o novo partido político, o dos pobres!

– Mas, mestre, como você explica os desmentidos, as advertências, as reafirmações de uma linha apostólica longe da política assim como condenações à igreja popular?

– Ah, Miró, se você lesse jornais nas entrelinhas, você pensaria na ação política que é a arte de conduzir a massa populacional para onde se quer. Li, algures, esta definição do político: "aquele que fala muito e nunca diz o que realmente pensa". Pois bem, todo este não disse o que disse, mas disse, ou que não fez mas fez, apenas apresenta-se como discordância, mas, que eu saiba, não alterou um átimo a linha da Igreja na direção que apontei a você. Logo, caro Miró, poderá concluir que o autêntico segue seu curso como o político hábil que, na aparente confusão, atinge seu objetivo. É como uma linha reta cuja sombra simula um zig-zag, mas que, nem por isso, deixa de ser reta. É só você raciocinar, observar o que se faz e o que se diz, para se convencer.

– E agora, o que vai acontecer?

– Miró, advinhar não posso, temos que esperar para ver, mas já se prenuncia o futuro com o que acontece por aí – discordâncias e conflitos – enfim quando ganha um, o outro tem que perder, porque poder é só para um. Provavelmente a coisa vai ser assim mesmo por aqui, pois vinho e óleo não se unem, misturam-se certamente, mas se separam logo que passa a agitação.

– Dizem que o mal deste Brasil são as multinacionais. O que é isto, chefe?

– Ora, Miró, será que você é o último a saber? Multinacional, como o nome diz, é uma organização sem pátria com sede em algum lugar – dizem que só nos Estados Unidos, o que é mentira – onde ficam os donos. De lá, como um gigantesco aspirador, chupam os lucros de todos os países onde se localizam e, assim, recebem tudo que há de bom em benefício do poder central. Todo o mundo trabalha para estas organizações. Por exemplo, todos usam pasta de dente, sabonete, automóvel, remédios, Coca-Cola, enfim infinidades de produtos iguais em todo o mundo. São feitos no local, mas os lucros vão para a cabeça desta gigantesca organização odiada e vilipendiada por todos os brasileiros. Sabe, Miró, quando eu era pequeno comprávamos tudo da venda do Seu Neves, um português baixo e gordo, com seu negócio logo no começo da rua São Caetano. São Paulo tinha cerca de 350.000 habitantes. Hoje soma 14 milhões e se não fossem os supermercados estaríamos fritos, pois onde comprar as coisas necessárias? As multinacionais são a conseqüência deste mesmo aumento da população no mundo. Apenas uma organização em grupo. Roubam como todos, tanto aqui como em Caixa Prego. O Seu Neves, na rua São Caetano, não era mais santo do que o Seu Smith de hoje porque o egoísmo e a avareza são inerentes ao homem e não às nacionalidades.

Existem hoje até as multinacionais entre as nações. Que é o bloco soviético senão uma multinacional em benefício da organização-sede que é o Krenlim? Há até as multiestatais, grupos de indústrias de países onde muitos militares da reserva se divertem como empresários, dando prejuízo, naturalmente. Ainda ontem a tal Capemi não deu com os burros n'água e o general-presidente, coitado, disse que era pobre! Fez um empréstimo de 25 milhões de dólares na França que nós, os contribuintes, vamos pagar com juros e tudo. Como vê, Miró, o diabo não é tão feio como pintam.

É pura questão de escolha se somos explorados por A ou B, mas seremos sempre explorados.

– Então, chefe, multinacional é coisa recente, deste brilhante século XX?

– Nada disso, e você vai ficar de boca aberta! Sabe qual foi a primeira multinacional? Pasme, Miró, a Igreja Católica Apostólica Romana! O Brasil teve o grupo instalado na segunda metade do século XVI (entre 1549, quando chegou Thomé de Souza com os jesuítas, e o fim do século, quando chegaram os Beneditinos, Carmelitas e Franciscanos). É sem dúvida uma organização multinacional. Sua sede é o Vaticano, com seu banco. Para lá vão todos os executivos (cardeais e bispos), de lá vêm as diretivas e para lá vai dinheiro dos fiéis do mundo inteiro. É uma verdadeira cadeia econômica: parte da renda da paróquia para a cúria e parte dessa renda para Roma. No fim é como as multinacionais tão denegridas, do pouco de cada um se faz muito, o que é necessário para manter as atividades apostólicas e a sede jacente. É claro que não há roubo nem exploração do povo, fazem tudo pelo melhor, mas é uma organização multinacional. No Brasil seus elementos, os padres e freiras, são em grande parte estrangeiros: irlandeses, belgas, italianos, alemães, espanhóis, norte-americanos e até portugueses, que podem chegar a bispos. Dois de nossos cardeais são filhos de alemães (eu sou filho de austríaco e você, Miró, me desculpe, mas tem uma ascendência suspeita); muitos mal falam português, não conhecem nossa história e tradições, desconhecem o valor de nossa arte sacra; mas estão aí trabalhando com e pelo povo brasileiro, sem dúvida com evidente semelhança com tantas multinacionais americanas, francesas, alemãs, japonesas, suecas e que mais sei. Posso tranqüilamente concluir que as multinacionais, como a politização da Igreja, são uma conjuntura da época em que vivemos. Se a Igreja Católica saísse do Brasil, nada aconteceria em termos de economia, mas você pode imaginar se as malfadadas multi arrumassem as malas e fossem embora? Desemprego, fome e regressão do país para o tempo da enxada. Qual o progresso de Cuba, que ficou sem as multinacionais? Nem o açúcar alcançou a antiga produção; não tem nada, e seu único produto de exportação é gente; são os soldados cubanos, que por serem escuros, estão em todos os pontos da África a serviço da democracia moscovita, isto é, da libertação sem teologia feita a ponta de fuzil para a estagnação e, sobretudo, o silêncio sepulcral das "democracias" totalitárias.

Fala-se em mudar o sistema para dar prioridade ao homem e não ao seu dinheiro. É evidente que a visão é paradisíaca, ignorando-se a complexa e maligna natureza humana. A experiência é velhíssima. O Estado Missioneiro Jesuíta batalhou 158 anos na formação do índio guarani, ser humano sem a poluição da civilização, e portanto o homem ideal para ser manipulado. Desta república de grande sucesso na época só ficaram a História e suas ruínas, nada mais. Creio, Miró, que só há duas opções no momento: direita (centro direita) ou esquerda (centro esquerda) mas, mais cedo ou mais tarde, acabam-se radicalizando para a direita ou para a esquerda. O homem, procriando como está, engolirá tudo e todos e do caos sairá o par ou ímpar, a direita ou a esquerda, e estamos conversados. Mas jamais a justiça plena nem os D. H. plenos como querem os utopistas, que vivem dela ou raríssimos para ela.

Mas chega de papo de futurologia, afinal pode vir uma catástrofe atômica e reduzir a pó toda esta conversa mole. Vamos ao de hoje, um negócio chamado violência, que está na ordem do dia e ameaça a todos nós.

— Violência, chefe, não é uma palavra feia neste nosso relacionamento amigo e cordial? Existe mesmo?

— Caro Miró, você sabe muito bem o que é, mas não liga o fato à palavra. Explico em um ápice: é só botar um gato no quintal – compreendeu agora? – sai um barulhão, você e Tatá atacam e num triz o gato está morto. Compreende agora?, consumou-se a violência. Por que falo disso logo agora? É, Miró, você é sabido, pensa que estou mudando de conversa? Nada disso, tudo que conversamos até agora deságua na violência, a começar da pressão demográfica, passando pelo comportamento dos governos, seguindo pela tal de teologia da libertação, pela nova política da Igreja; tudo isto está ligado à violência, isto é, estão jogando gatos no teu quintal e a conseqüência só pode ser a que já exemplifiquei, a morte do gato ou se ele em vez de gato fosse um gatão, um tigre, a liquidação de vocês dois. Compreendeu? Desta vez tenho certeza, pois a pimenta chegou, no exemplo, aos seus olhos.

— Bem, compreendi perfeitamente o que é violência. Mas diga, sempre foi assim?

— Nada disso, é coisa de depois de 1964 e posso contar como tudo começou, pois tenho vivido muito e visto muita coisa; sabe, não sou cachorro, mas tenho a certeza de que não sou burro.

– Burro, você?

– É melhor consultar o dicionário: Indivíduo bronco, curto de inteligência, asno, estúpido, imbecil, burrego. Entre parênteses, Miró, este conceito de chamar de burro alguém com tantas qualidades negativas é uma injustiça ao nobre animal consagrado por Guimarães Rosa nos seus romances e na estória do "Burrinho Pedrez". Enfim não se pode lutar contra o costume; assim, burro tem que ser burro mesmo e, como disse, não o sou.

Bem, os homens, você sabe, nunca foram santos, sempre brigaram desde os cacetes de nossos peludos ancestrais até as guerras, as questões pessoais, como diz o caipira, por três barras: barra de ouro (dinheiro), barra de saia (mulher) e barra de córrego (divisas de terras, isto é, interesses de propriedade). Isto nos tempos normais, quando havia lugar para todos e não havia os tais de D. H. (lembro: Direitos Humanos). Durante todos estes tempos antigos a população do mundo crescia lentamente; sabe, havia elementos ecológicos.

– Esclareça este negócio de ecológico, é muita palavra para um cachorro só.

– Você é um chato que só interrompe o fio da meada. Ecologia é o equilíbrio da Natureza; pela ecologia a vida na terra se mantém normal, sem perigo de acabar como acontece hoje, tudo se ajusta com o fim último de que o planeta não se transforme num deserto como a lua, entendeu? Não? Então paciência, talvez ouvindo adiante você vá compreender. Como dizia, havia elementos de equilíbrio no crescimento da população, como as epidemias, a peste bubônica ou a varíola, o cólera e, a última, a gripe de 1918. Ceifava milhões e a ninhada terrestre se mantinha equilibrada. As guerras também ajudavam e, no varejo, todas as doenças conhecidas e desconhecidas cujo tratamento era quase paliativo, pois a medicina não tinha os recursos necessários para curar. A média de vida do homem girava em torno de 40 anos. Assim, havia ricos e pobres, como hoje e como sempre, mas a coisa caminhava pacificamente. Neste século XX, sobretudo a partir da Primeira Grande Guerra, aquela em que os generais imbecis mandavam os regimentos inteiros atacar as metralhadoras recém-aperfeiçoadas pelos alemães e morria todo mundo com belas palavras a respeito da mãe de seus superiores. Pois bem, o eixo da fortuna, o ouro da Europa, foi para o forte Knox nos USA e junto com ele foram grandes médicos e cientistas e formou-se a bola de neve do progresso da medicina. A coisa começou devagar, mas a partir da década de 40 já houve grandes progressos, as sulfas, depois a penicilina (1945), depois a estreptomicina (1946), depois a hidrazida (1953) e depois o resto até hoje, o que veio a acabar com a grande maioria das doenças que matavam gente muito cedo. Você viu agora o João como foi logo operado por causa de duas obstruções parciais de artéria, operação preventiva que por certo fará com que ele tenha uma velhice feliz e cheia do ouro (aposentadorias do exército e de presidente da república) mas, vê você, não fosse isto poderia morrer de infarto do coração a qualquer momento. Enfim, para resumir esta lenga-lenga, hoje em dia não se pode nem morrer cedo, há recurso para tudo, menos para agüentar a conta do médico e do hospital.

O resultado foi que a média de vida, que já vinha desde o tempo dos romanos por volta de 20-30 anos em Roma e de 35 nas províncias africanas, anda hoje por volta de 70 anos. Até você, Miró, já vai compreendendo: se nasce cada vez mais gente e morre cada vez menos só pode ajuntar. Isto se vê a qualquer momento, é só dar um berro diferente e já surgem milhões de curiosos. Já viu na TV as multidões a propósito de tudo (desculpe, Miró, você é sabido e não vai na conversa das notícias). É assim, tudo cheio: bonde (não tem mas teve e vi cheio até o teto), cinema, praça, rua, estádio, etc. Hoje todo mundo está cheio de tudo e de todos, daí os palpites de mudanças de tudo, só que esquecem que onde vai a mudança vai todo mundo junto.

Mas antes desse crescimento desproporcional da população a coisa ia indo bem, dizem que éramos provincianos; nada disso, éramos protegidos de Deus pela bênção de haver lugar para todos. Pode-se dizer que só havia os usuais conflitos entre os homens. Mas a partir da década de 50 começou o Milagre Brasileiro.

– Milagre, mestre? Não é coisa só de santo?

– Bem, Miró, pareceu milagre porque foi algo inesperado que mudou a fisionomia do País. Se não me engano, creio que foi a descoberta do Brasil pelo capital estrangeiro. Explico: o pessoal vivo dos Estados Unidos e da Europa, cheio de dólares, descobriu, meio de repente, que havia aqui um mercado praticamente virgem e mão-de-obra barata. Viram a ânsia de crescimento do governo brasileiro

(Juscelino Kubitschek construiu Brasília trazendo ferro para construção de avião, dos USA) e "cooperaram" com esta nova política desenvolvimentista; instalaram a indústria automobilística e atrás do automóvel veio o resto.

Dólares à beça, o cruzeiro começando a resvalar para o abismo, empregos às centenas de milhares, dinheiro em abundância, compras e mais compras, todo o mundo feliz, de barriga cheia, e satisfeito. Era o Milagre Brasileiro. Junto com ele, neste longo período e até hoje, veio o endividamento no exterior: tudo custa, você sabe: ponte Rio-Niterói, Belém-Brasília, Transamazônica, e por fim Itaipu. Você sabe, dinheiro compra tudo e o brasileiro é um homem como todos os outros, por bom preço vende tudo. Assim vendemos muita coisa para quem pagou bem e depois estes que compraram e pagaram ficaram sendo as odiadas multinacionais. Nesta transação onde houve de tudo, interesse pessoal, sedução, tratantadas do governo, astúcia dos sabidos do exterior, bobeira do brasileiro e também a arma comercial da pressão econômica passaram para as multi, a Gessy, que era brasileira, e a maioria da nossa nascente e crescente indústria farmacêutica, para dar apenas dois exemplos. Em resumo, negócios de caipira ingênuo com estrangeiro sabido e assim chegamos ao estado atual em que há o vendedor arrependido e com inveja do comprador, coisa que já acontece desde que...!

– Mas, mestre, sempre foi assim! Até dizem que todos os dias saem à rua um trouxa e um esperto!

– Você lembrou bem, Miró, eles saem juntos e nós por inexperiência de vida internacional fomos os trouxas e hoje estamos com uma bruta raiva querendo mudar tudo e, assim, não pagar a conta do nosso famoso Milagre que todos aproveitaram e gozaram. É o tal negócio do gosto de cabo de guarda-chuva que sobrou.

Bem, neste meio tempo a maquininha de fazer gente não parou e diante do Milagre todo o mundo também queria algum. Assim, começou o inchamento das cidades, as favelas, coisa que já expliquei a você, e que continua até hoje pelo fenômeno do eco (não é o repórter Esso de antigamente, é eco, repercussão à distância do tempo, pois creio que ainda há muito matuto que não sabe que estamos na feliz república em vez do odiado império).

Mas, como ia contando, a coisa foi assim: depois do entusiasmo do Milagre o povo começou a desconfiar da coisa e então elegeram por grande maioria o homem da vassoura. Você sabe, aquele pau com uma porção de fiozinhos na ponta, para varrer o quintal, do qual você tem uma certa curiosidade e que era usada no "tempo de Dante" pelas feiticeiras como hoje os aviões a jato. Quem usa vassoura é para varrer e o tal homem chegou na presidência e começou a varrer furiosamente a poeira desenvolvimentista do Juscelino. Varreu corrida de cavalo, alto-falante, papel para jornal, tudo na base do bilhetinho para fulano e sicrano. Daí começou a viajar e a prometer milhões de cruzeiros (no tempo em que ainda valia) para todo mundo. Chegou até a condecorar um tal Guevara, que era um cubano barbudo revolucionário de quatro costados, vulgo duro na queda. Nesta ocasião eu estava em Portugal e quando li a notícia disse para Kitinha: o homem tomou o freio nos dentes e está no chão. Dito e feito: logo logo acabou renunciando por causa das "forças ocultas".

– Bem, mestre, agora você me enrolou, sempre pensei que forças são claras e diretas e não ocultas. Peço uma explicação!

– Ora, Miró, estava embalado na história e você vem com esta pergunta embaraçosa! "Forças ocultas" é como um prisma, depende do lado pelo qual você olha, vendo coisas diferentes. Assim, os de esquerda dizem que é a CIA (Central Inteligence Agency), outros logo negam e dizem o contrário, que é a URSS (Rússia Comunista), isto no grosso, pois no miúdo vem o burguês, o militar, o pelego, o sindicato, o capitalista, os industriais e principalmente o jargão de hoje que é Multinacional, que é um pouco de tudo isto. Mas, cá entre nós, a vassoura era só aquela da feiticeira e acho que o feitiço virou contra o feiticeiro, pois o tempo falou e o homem aí está até hoje, inofensivo e contraditório. Mas cada um tem o direito de pensar, veja bem, pensar (só) o que quiser.

Saindo a vassoura começou a bagunça que não acabou mais e com ela a tal VIOLÊNCIA. A coisa foi assim: o vice-presidente era gaúcho (habitante do estado do Rio Grande do Sul), era meio tudo e foi levando a coisa mais na base da esquerda, daí os pelegos (dicionário = agentes mais ou menos disfarçados do Ministério do Trabalho nos sindicatos operários) começaram o trabalho de "arregimentação das massas", porque hoje é tudo "massa", tanta é a gente que nasce; levando o país para a confusão comunista. Queria acabar com as casas de aluguel, os inquilinos ficariam mais dez anos e adeus propriedade, queriam desapropriar 10 km de cada lado das rodovias, enfim o Kremlim estava esfregando as mãos de contente. Daí há uma reunião dos fuzileiros navais e sargentos no Rio de Janeiro com a presença do João (não o nosso, era outro João, que era cavaleiro, mas não gostava de galopar), o que encheu as medidas dos militares: em São Paulo o povo pacífico faz uma famosa marcha – por Deus, pela Família e pela Liberdade – a coisa ferve e vem a revolução de 31 de Março (as más línguas dizem que foi 1º de Abril, questão de fuso horário) de 1964 e ficamos militarizados, com grande tristeza do gigante urso do norte. Aquele João em vez de ir embora a cavalo, como bom gaúcho, tomou rapidinho um teco-teco, levou só alguns dólares, porque o espaço era muito pequeno e como gostava muito da terra que queria distribuir no Brasil para todos, comprou para si um bom pedaço num país vizinho e lá ficou sossegado até morrer. Já o nosso sossego não foi o mesmo; alguns anos depois começou uma novidade no Brasil (sempre tivemos a mania de importar belas coisas – até água bidistilada no começo do século) de modo que um grupo patriótico importou a idéia da subversão. Que orelha é essa, Miró, você não sabe o que é subversão? É assim como o desejo de virar a mesa, espécie de "dá ou desce", ou "crê ou morre"; enfim, violência no duro. Começa então o pau, o pau Brasil, a comer grosso.

Eram todos gente fina, inteligente, culta, universitários, padres, médicos, advogados, todos certos dos seus direitos e querendo distribuir o de alguns a todos. Assim, para agüentarem o repuxo, lançaram a grande novidade do século: assaltavam bancos, pois lá estava o dinheiro (não dólares) todinho junto, em sacolas. Foi a grande mina que entusiasmou os marginais que suavam roubando residências vazias de noite, batendo carteiras e outras miudezas, com pequeno rendimento e muito trabalho e susto (naquele tempo o pessoal tinha medo da polícia). Estilo Meneghetti que foi o maior deles e ficou famoso e tem um monumento na memória do mundo do crime. Como ia dizendo, com estes assaltos a bancos os do contra, assim chamados subversivos, ganharam também balas e viagens gratuitas para a Europa (nenhum quis ir para a Rússia ou para Cuba, não sei porque) e tudo acabou em nada. Mas ficou uma coisa muitíssimo importante para o tema violência. Eles ensinaram aos marginais, hoje promovidos para o nome *elementos*, que aquela tal barreira entre o que é meu e o que é seu não existia. Só estava na cabeça teimosa dos trouxas honestos. Aprenderam que com força, coragem e um revolvinho na mão era sopa chegar, pegar e ir embora todo feliz. Começou devagar, assim como para ver como era, e se na verdade não acontecia nada. Como nada aconteceu, estava descoberto o mapa da mina e assim nasceu a classe distinta dos *assaltantes*, gente que não acredita em cerca, chega de trabuco na mão (espingarda de cano cerrado, metralhadora, revólver 007, os brincalhões de revólver de brinquedo, os esquisitos de faca), pisa duro, estupra e mata ou delicadamente, depois de verificar se a bacia está limpa, prende a família no banheiro, passa o pente fino em tudo e sai tranqüilamente no carro da casa. Outros mais humildes enchem os bolsos e saem a pé mesmo. Como bons profissionais trabalham só de dia, a noite era para os Meneghetti do passado. Tudo às claras, mas ai de quem reage! Já há até uma seção do cemitério para os ex-corajosos.

Como vê, Miró, com a boa intenção de tomar o governo e fazer do Brasil um país feliz, sem pobreza, só todo mundo igual e de barriga igual (não sei se cheia ou vazia, não sou futurólogo) acabaram dando a lição e criando a classe distinta dos assaltantes.

– Tudo bem, patrão, mas quem são os assaltantes?

– Depende de quem se pronuncie, se for a oposição e a CNBB são os desempregados, os que não têm o que comer, as vítimas do capitalismo selvagem. Se for o Governo, são apenas Elementos. Se for eu mesmo digo que são delinqüentes.

– Delinqüente, chefe, não será diligente?

– Antes fosse, Miró, pois diligência eles têm para tomar o que é dos outros. Mas vamos ao dicionário de novo: delinqüir – cometer falta, crime, delito. Mas isto é generalização. Delinqüente é um indivíduo com uma deformidade de caráter e de personalidade, donde resulta uma atitude e ação anti-social. Dou um doce se você regenerar um delinqüente, um assaltante assassino, por exemplo. Este, esteja onde estiver, vivo e com capacidade física, será sempre um ser anti-social, isto é, para ele não existe barreira alguma, a tal cerca que divide o seu e o meu, chega sem a menor cerimônia a tomar até a vida dos outros (vulgo assassinar, matar). São uma minoria, mas concentram-se nas grandes cidades, onde agem com grande lucro pela alegria do trabalho e pela satisfação do que roubam. São fregueses das delegacias (*x* passagens pela polícia), matam à vontade, geralmente não são presos e, quando na cadeia, fogem ou são protegidos pela lei e ficam na base do entra e sai. Quando presos em grande número aparecem os que percebem a pressão demográfica (carcerária apenas) e surgem os protetores, que acreditam só no que eles dizem (não mentem, só matam) e sentam o pau no Governo que não dá o trato merecido pelos D. H. que eles absolutamente desconhecem nas suas vítimas. E olhe, Miró, que fazem boas, até uma vez deixaram o velho cardeal do Rio Grande do Sul no mato, de noite e vestido só de meias (estava quente). Mas são justos, pois assaltam tanto operários que vão para o trabalho de manhãzinha, como filho de governador, delegados, generais, advogados, e recentemente mataram o pai (advogado ilustre) de dois jornalistas. Como vê, a democracia em pleno vigor que é a vontade das "bases", como se costuma dizer hoje. Faz-se o que se quer, mas antes ou depois consultam-se as bases que apoiam sempre aquilo que foi feito, perfeito sentimento democrático. A vontade do povo sempre abaixo da vontade de quem manda. Mas já ia escorregando do assunto violência.

— Mas a polícia, o que está fazendo?

— Ora, Miró, já não falei da classe progressista dos assaltantes, se progridem é porque o campo é livre e promissor, hoje são até bandos de dez ou doze de cada vez. Têm a simpatia de todos os que são contra o governo e a bênção dada pelos grandes que sabem o que fazem (ou não). A polícia, meu caro Miró, além de carregar os delinqüentes e suas peraltices, tem que agüentar a imprensa e os progressistas, sabe, o negócio dos D. H. (direitos humanos), um troço que só existe para gente viva, pois quem morreu morreu e não tem D. H. Assim você vê como evoluímos nestes últimos quase 20 anos, a vida tinha alto preço, e até o frágil hímen (isto todo mundo sabe o que é ou foi). Me lembro de um júri (fui jurado) por crime de defloramento (palavra já sem uso por falta de prática) era cadeia ou casamento e, palavra, muita gente preferia cadeia, que naqueles bons tempos era lugar tranqüilo e com pouca gente. Imagine o barulhão por causa de um crime de morte! Era debate, ataque, defesa, réplica, tréplica e se não fosse o sono do juiz iam multiplicando até à exaustão. Daí solenemente o criminoso era absolvido (se rico) ou condenado (se pobre). Havia um tal de dirimente de privação dos sentidos.

Hoje é tudo diferente: o assaltante mata dez ou vinte, já vi condenado até a 230 anos de cadeia e logo depois, não sei por que mistério, está na rua matando na base do mais um, mais um... Assim, a polícia tão acuada por todo mundo, deve ficar filosofando se não é melhor pegar os vencimentos (salário é só para os não funcionários públicos) e deixar passar o tempo. Se prendem com tiroteio e o preso diz que foi torturado e nem pegou no trabuco, todo mundo acredita (preso tem palavra honrada, o azar é do dedo que puxa o gatilho). Se segura com força é tortura, se segura com delicadeza o bicho foge e o policial é relapso ou corrupto, se mata para não morrer é assassino, se mata por engano (*errare humanum est*) então é a publicidade total, se erra a pontaria, mas o ladrão acerta, não se fala mais nisso, afinal cumpria *apenas* o dever, nem missa nem lembranças progressistas. Ah! Miró, se a coisa for ao contrário, quando cai um dos que atacam a polícia, vale a pena ler jornal, uma novela de rios de lágrimas. Você sabe o dito: "depois de morto todo porco é bom". Uma vez numa refrega de grevista e polícia, correram para uma igreja (dicionário = templo cristão), lugar onde se devociona Deus e seus Santos. Bem, isto foi antes da era espacial, hoje é centro de reunião para rezar e quando necessário para fugir da polícia ou como se diz, do regime. O caso é que na confusão morreu um líder das tais Comunidades Eclesiais de Base que estava na bagunça e não estava rezando. Caro Miró, você não sabe o barulho que saiu, jornais, TV, um bafafá e o morto teve uma tremenda missa concelebrada na catedral (concelebrada = celebrada por vários padres), uma beleza. Depois de um ano nova missa no mesmo estilo, tudo só para lembrar a barbaridade feita, exatamente ao contrário do que acontece quando morre um policial no cumprimento do dever; este some e a família que se vire. Mas não vou chatear você com estas coisinhas da nossa civilização moderna, por tudo isto é que tanta gente distinta de fora do governo quer mudar o regime ou mudar tudo (como queria ou ia deixando acontecer o primeiro João), só que com a mudança vai a turma daqui mesmo e a classe distinta dos assaltantes vai junto porque já te disse, delinqüente não muda, só muda na cabeça dos sonhadores e poetas.

– Conta, patrão, o que acontece com os assaltados vivos?

– Certamente você se refere à população honesta e trabalhadora? Ora, Miró, primeiro continuam trabalhando para ajuntar dinheiro para os assaltantes roubarem, se não como poderiam estes trabalhar honestamente?, teriam que se encostar no INPS (Instituto Nacional de Previdência Social), que paga uma ninharia. Depois viver com o sentimento que acompanha todos os brasileiros que não são delinqüentes: MEDO. De tanto medo você tem sempre um olho no vizinho, para cima, para trás (se puder), para os lados. Não sai de casa de noite, não vai atender ninguém na porta, tem que ser obrigatoriamente desconfiado e por isso até desumano, duro, e não acreditar em ninguém, pois sob todos os variadíssimos disfarces surge o tal de assaltante guloso. É isso, Miró, já é frase feita que "viver é muito perigoso" (parece que do Guimarães Rosa) mas hoje ser brasileiro em cidade grande é muito mais perigoso. Depois a gente vai se acostumando porque o que não tem remédio remediado está e, aqui entre nós, Miró, que ninguém nos ouça, do jeito que vejo as coisas, acho que só pode piorar e vamos ter saudades da tranqüilidade deste ano de 1983. Você de novo insatisfeito, Miró?

– Eu queria saber, como nascem os assaltantes?

– Esta é uma boa pergunta. Como começaram a assaltar você já sabe, mas evidentemente tudo começou muito antes, logo depois do nascimento. Você sabe bem como são os cachorros, geralmente de boa índole, mas uma minoria pode ser de mau caráter, ser traiçoeiro, morder e ser impossível de educar. É um delinqüente canino, geralmente acaba mal e rapidamente. Do lado de cá a mesma coisa, porém um pouco diferente. Existem vários fatores, sendo o principal o constitucional; não é a Constituição da República, é a formação genética, um negócio da formação do homem que vem desde o tempo de Adão e Eva ou seus equivalentes. Outro elemento é a criação, como foi tratado na infância, e o terceiro o ambiente em que vive. Mas vou logo dizendo, antes que a turma diga: fome e miséria não dão delinqüência, só favorecem o desenvolvimento do que o ser humano traz dentro de si. O Brasil tem 35 milhões de crianças abandonadas (é mentira, não há estatística nenhuma, puro chute), eu creio que há certamente alguns milhões que são as vítimas do gostosinho noturno por conta da negação do controle da natalidade. Se miséria fosse sinônimo de delinqüência teríamos milhões deles e no Nordeste não se podia andar na rua. São apenas uma ínfima minoria, quem quiser que conte e verifique na Febem (Fundação do Bem-Estar do Menor). São estes meninos delinqüentes que até os 18 anos são protegidos pela lei, podem matar à vontade que nada acontece, só carinhos e pena por serem perseguidos pela polícia.

Durante a infância nada acontece, vivem como pobre ou como rico. Tudo começa na puberdade, aí pelos 13 anos, os mais precoces. Entre os ricos é o empacamento na escola, ficam motoqueiros, roubam o carro do pai para dar voltinhas a alta velocidade, fumam maconha se puderem, etc. etc. Se pobre, já sabe, se for delinqüente começa a assaltar e matar (sei de um que com 13 anos, nanico, era um assassino frio como a Lolita do romance) e daí por diante segue a trilha da vida. Assim, vão subindo de categoria, trombadinhas, trombadões e depois dos 18 então criminosos mesmo. Sei de um cara que estuprou e matou uma jovem num ônibus e escapou por pouco, pois faltavam apenas alguns dias para fazer 18 anos, ainda era "de menor". Imagine o azar dele se tivesse nascido de uma parto prematuro! Mas esta é a raiz da coisa, nossa raça como a sua, Miró, tem dessas anomalias, de vez em quando nasce uma ovelha negra. Só que nossas leis, as dos homens, através dos D. H. garantem-lhes a proliferação e o bem-estar, protegidos pela classe progressista de nossa sociedade. Dizem que o Stalin liquidou 450 mil deles quando assumiu na Rússia e parece que por lá a coisa anda muito difícil e disfarçada, pois sempre há o perigo de uma excursão para a Sibéria, lugar fresco e sossegado. Assim, Miró, espero que você agora saiba separar o joio do trigo, isto é, o certo do errado e não vá na conversa de achar que tudo isto vem da miséria e da fome. Não esqueça que o que dá miséria e fome é esta imensa paternidade irresponsável que se teima em proteger e garantir. Acho que respondi sua pergunta inteligente.

Mas avisar não chega, são tantas as artimanhas dos homens que vale a pena dar algum exemplo para você entender melhor. Nesta era espacial um dos meios de atrair a pobreza nas megalópoles foi a campanha em favor do menor. Na ânsia de todo mundo se salientar na corrida de ver quem era "mais melhor" (não menor) esqueceu-se a grande e fundamental divisão entre o menor delinquente e o menor desamparado, ficou tudo igual: fizeram a mesma coisa com a polícia e o governo, ficou tudo bandido, corrupto e etc. e tal, pois não faziam nada pelo menor (apesar de darem casa, comida e educação para 80 mil deles).

Bem, nesta altura do campeonato há uma ação policial numa vila da periferia e um menor sai correndo, o policial atrás, o dedo do gatilho aperta e o menor morre. Correu de medo e esqueceu o refrão: quem não deve não teme; enfim correu, foi perseguido, levou um tiro e morreu. Fechou o tempo, notícia de jornal, mães e testemunhas jurando as excelências do bom filho (o que podia ser verdade), declarações indignadas de todas as associações que defendem os D. H. e até uma missa, não me lembro se concelebrada, rezada na Sé. Só faltou a canonização. Mas a polícia, Miró, esta foi pixada com as cores do inferno (devem ser preto e vermelho). Foi uma delícia para o grupinho delinqüente, época de franco progresso, assaltos em grupos, assassínios frios e *otras cositas más* (dizem que apesar de menores têm uma queda para estuprar mulher bonita, e nesta hora são todas bonitas); fico até admirado da calma de ainda se dedicarem ao deus Eros na hora do trabalho. Dos trombadinhas nem se fala, quem ia encostar a mão num menino desprotegido e abandonado com um revolvinho (de brinquedo) no bolso? *Libertas quae sera tamem,* já dizia Tiradentes. Bem, Miró, este período de proteção descarada e indiscriminada acabou, devem ter assaltado algum progressista, o que esfriou os ânimos. Mas saiba que este negócio de defender criminoso e atacar a polícia, como aconteceu com os esquadrões da morte, dá certo. Publicidade à beça, retrato por todo canto e TV, até que nós, que somos a turma ignóbil (dicionário = que não tem nobreza, baixo, desprezível), nos convencemos, e eles também, de que tudo aquilo era verdade mesmo; então é aquela beleza, promoção de posto e de posição. Aí é só continuar a falar em D. H. até o enterro de primeira classe, belos necrológicos (elogios depois de morto) e grande acompanhamento com sentidos discursos à beira da campa. Mas o que valeu mesmo foi o dinheirinho dos contribuintes (vulgo burguês explorador) que fica como lembrança dos passados e brilhantes combates em prol dos D. H. Mas a turma do assalto, que não lê jornal, continua firme na profissão.

Como vê, caro Miró, nesta questão de D. H. é preciso muito cuidado porque nunca se sabe de onde pode vir o assalto e você já viu como é, errar o alvo a atingir dá complicação, pois tem muita gente importante disputando o menor abandonado embora ele continue cada vez mais abundante, mas sempre menor até fazer 18 anos. Não quero ser maldoso e esclarecer errado, mas que diabo de menor que pode estuprar ou casar, sempre fazendo filho, trabalhar e ganhar a vida se quiser, matar à vontade, fazer tudo o que a lei proíbe e, como prêmio, ganhar uma temporada de descanso na Febem quando tem o azar de ser apanhado? Você acha isso, menor inocente precisando de proteção? Ah, Miró, este mundo é muito estranho mesmo, pena que nós não podemos mais ser menores, com a experiência que temos hoje seria uma delícia!

O jeito é ter conversa de adulto mesmo, coisa séria que não chame atenção e que não atraia nem defensores nem agressores. Sabe, Miró, tenho dormido pouco, e depois não consigo dormir. A cabeça fica cheia de pensamentos leves, bonitos, vou dizer isto, vou dizer aquilo e mais aqueloutro, um material que daria para conversar vários volumes. Daí a uma ou duas horas, bem desperto, desço; tudo escuro e venho olhar o papel que me espera tranqüilo, branquinho, pedindo que ponha nele tudo o que pensei. Quando vou fagueiro começar, não sei o que dizer, a cabeça fica vazia. Outro, que não eu, ficaria pensando que sonhou ou que está ficando gagá. Mas eu sei o que é, chama-se censura, não é censura do arbítrio (arbítrio = governo faz e o povo não tuge nem muge), é algo da cabeça mesmo, que Freud descobriu e que esclareceu muita coisa. Vou explicar: quando a gente dorme a personalidade muda; de noite, dormindo, pode-se fazer todas as sacanagens proibidas pelas leis, reprimidas pela polícia e pela sociedade. Por isso quando era adolescente sonhava gostoso, puxa, valia a pena. Depois de grande isso acaba, mas continua-se a sonhar sem limitações, vai-se onde se quer, voa-se, anda-se sobre a água, mata-se ladrão das mais variadas formas de cada vez e o danado nunca morre; mulher então uma delícia. É verdade que às vezes a coisa encrespa e o recurso para fugir do leão que ruge (ao vivo é o IR = Imposto de Renda) é acordar bufando e gritando. Mas isso é só quando se come muito. Aqui não há censura, só o homem integral com todos os seus D. H. noturnos completos. Mas você sabe, sonho é sonho e a realidade é muito diferente, é uma camisa de força de acordo com a tal de civilização em que se vive. Bem, isso é óbvio. Nesta história há um porenzinho delicioso: entre acordar do sono e levantar da cama já bem desperto há um período intermediário que os psicólogos chamam de *vigília*, isto é, uma sonolência gostosa em que a gente pensa um monte de coisas boas e más que andam aborrecendo no momento. Começa a aparecer a censura, pois o que se pensa é parte da realidade da vida, mas o pensamento é solto, livre, sem compromisso e por isto mesmo nesta modorra (soneira, preguiça, moleza) é que vêm as tais grandes idéias das quais a cabeça está cheia e surge o pensamento criador. Daí, quando se acorda, o censor entra e o que tiver que ser escrito tem que forçar a barra e sair com razão exposta, ouvida e deferida, se for o caso.

Vejo que você, Miró, está meio dormindo, acho que esta história foi tão monótona que lhe deu um soninho hipnótico. Desculpe, mas foi necessário explicar, se não a tal de censura não me deixava continuar a conversa.

– Mas, mestre, você tem assim tanta coisa para alimentar nossa conversa?

– Veja bem, Miró, estou chegando perto dos 80 (tomara que chegue lá e ultrapasse); vivi muito e bem no trabalho e no pensamento. Meu pai sempre dizia para seu filho perguntão, pois eu era insaciável, queria saber a razão de tudo (no dizer de Freud era como se espiasse no buraco da fechadura do quarto dos pais, à noite, no escuro, pensando ver o que queria e imaginava). O certo é que vivia perguntando a propósito de tudo: por que aquela flor é branca? Por que o passarinho voa? Por que tem tanto risquinho preto no jornal? Por que você usa calça e a mulher saia? (não sabia ainda que elas usavam uma calça curtinha que com o tempo, espero, chegará a puro barbante simbólico como faziam as índias, que enfeitiçaram o português logo na praia mesmo). Enfim, como você vê, perguntas idiotas para os adultos como nós, mas que na cabeça de criança acordada e com censura só podia causar interrogação. Aí o Pai sentencia: "filho, antes de perguntar procure responder a suas próprias interrogações". Para mim foi um decreto que abriu minha cabeça (abriu por dentro só) e me fez pensar antes de perguntar e, de tanto pensar no que via, acontecia, lia e fazia, acabei enchendo a cabeça com tanta coisa que agora que ando com esta mania de conversar com um cachorro chamado Miró não consigo mais o sono dos justos. Ah! Como invejo o marmiteiro (hoje bóia-fria-operário e todo o mundo que trabalha para viver)! Estes dormem tranqüilos (dizem que exaustos, pois trabalho no Brasil é veneno e pode matar), mas eu digo *dormem* porque a noite é para dormir. Como invejo você Miró, que dorme a noite inteira e quanto mais velho fica mais dorme, sem pensar em nada, talvez um sonhozinho aqui e ali mas sempre a sono solto, na tua caminha ao lado da Tatá, no sol do quintal e na sombra dos dias calorosos. É a tua grande vantagem, Miró, não pensar.

– Se vocês, homens, pensam tanto, o que fazem com todos estes pensamentos?

– Você sabe, Miró, que a cabeça do homem é muito pesada? Se o mergulhador não vira a cabeça para trás quando cai na água, bate com ela, na certa, no fundo da piscina e, adeus campeão! Assim, a cabeça tão pesada está cheia de tudo que pensamos pela vida afora. Temos lá uma espécie de computador que vai registrando toda a experiência da vida, tudinho; chama-se memória. Mas é um aparelho que jamais poderão inventar outro igual, pois Deus vem trabalhando nele há milhões de anos e por isso, além de registrar o que se vive ele já vem com uma carga de memória do passado (sem que a gente perceba) que de vez em quando vem à tona. Chama-se memória arcaica (antiquado, obsoleto) mas que volta à consciência e o fulano faz então coisas que nem sabe que está fazendo, por conta do que outros faziam há milhares ou milhões de anos e o tal computador registrou. Isto acontece muito na arte, que é um campo livre de política, em que se pode fazer o que der na cabeça. Mas nesta maquininha divina há também a capacidade de pensar o que todo mundo pensa, seja na época, seja antes: chama-se Memória Coletiva, que é espontânea e dá um sentido uniforme ao povo sem que ninguém saiba exatamente o por quê. Naturalmente isto acontece só no campo livre da arte ou nas revoluções incontroláveis, pois hoje em dia há comportamentos coletivos que nada têm de Memória Coletiva, é obediência mesmo, na alternativa do pior, mas isto já não é psicologia. Assim, com esta explicação que trago dos meus bons tempos de psicanalista (de verdade) acho que mereceria um bom sono, você aborrecido e eu para compensar esta madrugada forçada.

Depois do descanso, Miró, nada como falar de um assunto que faz muita gente perder o sono. Você sabe o que é propriedade?

– Ora, propriedade não é o quintal onde vivo com Tatá?

– É isto mesmo, no seu pequeno mundo, mas não se esqueça que por aí há muitos cachorros sem o quintal que você usufrui. Porque uns têm e outros não, é que começou toda bagunça em que vive hoje este mundo. Posso dizer, para começar, que são as coisas que todo mundo quer, que uma minoria relativa tem e que uma minoria ainda menor quer acabar para felicidade geral da nação que uns poucos vão dirigir na posse das propriedades agora do Estado, de que eles vão usar e abusar. Acho que você não entendeu nada e pensa que é um jogo de palavras, uma espécie de jogo de esconde-esconde. É mais ou menos isso. Mas agora vou explicar melhor. A propriedade mais importante de um homem é a vida. E você já viu como ela anda baratinha hoje em dia. Em todo caso, sem esta preciosa alma, o resto não vale nada porque, lembrava um velho amigo meu, "mortalha não tem bolso". Agora você entende que propriedade é algo que a gente tem para uso e gozo, cuja posse estimula e ameniza a luta pela sobrevivência neste mundo conturbado. Depois da vida, que é a propriedade maior e que não tem preço, há dois tipos de propriedade, a móvel e a imóvel. A móvel são os valores que você pode carregar para onde vai e que os ladrões assaltantes freqüentemente ajudam a carregar, mas em sentido contrário. São os metais nobres: ouro, platina e prata ou pedras preciosas: diamantes, rubis, esmeraldas e safiras, além de muitas outras, como a água-marinha. O resto é miudeza para ladrão pé-de-chinelo, com pouco valor comercial de revenda. Estes bens móveis não têm importância política, não estão na mira dos progressistas, pois escapam entre os dedos e perdem o valor pela sua eventual inutilidade.

O outro tipo são as propriedades imóveis, aqui é que "pega o carro", pois não se pode carregar nas costas; são terras, fazendas, mini e latifúndios (pouca ou muitíssima terra improdutiva) e também casas, apartamentos e palácios. Os imóveis estão na posse de uns poucos (poucos milhões), assim, como todos querem ter pelo menos um, surgem a inveja, a desigualdade e o conflito social que é o material básico e o maior pretexto dos que se escondem atrás dos D. H.

Você sabe, Miró, o homem é um animal complexo e não difere se é da esquerda ou da direita. Como você viu no caso do delinqüente, que existe dos dois lados, não é, como se divulga, cordeiro na esquerda e lobo na direita. Assim nós, povo, estamos à mercê dos lobos que fazem de nós o que querem, os decretos e leis que impõem pela força ou pela astúcia. Isto é verdade tanto do lado de lá como do de cá. Os homens não são santos, nem os que lidam com os verdadeiros santos, são apenas homens se agitando para conquistar o poder, como já mostrei a você, e assim ficarem de cima enquanto nós ficamos de baixo. É só você ver o que acontece no mundo para se convencer. Todos querem o bem do povo, desde que eles sejam os que fiquem no poder. Derrubaram o corrupto Sargento Batista em Cuba e lá está até hoje o "democrata" mandando para a "felicidade" do povo. É assim a coisa, Miró, somos apenas grãos de areia neste mundo de violência, egoísmo e mistificações.

Sabe como começaram as propriedades? Muito antes de Cristo. A propriedade é um sentimento tão arraigado no espírito do homem que equivale a um instinto. Você não pode viver sem algo que seja seu, próprio, a exemplo da alma, que é inseparável do corpo. Suprimir este direito à propriedade seria como violar o homem e transformá-lo num objeto, algo que se põe e dispõe, um ser sem vontade nem reação. Seria o mesmo que suprimir o instinto da fome, que faz parte do conjunto de necessidades instintivas que são a própria vida, que nos fazem viver e que têm como contrapartida o instinto de morte que nos leva para a terra, para o nada. Mas desde a Revolução Francesa (1789) que a classe média, que ficava entre a aristocrata e a servil, foi crescendo. Os aristocratas foram sendo separados de suas cabeças, na guilhotina, e os outros foram definhando aos poucos até este século XX. Os servos foram se multiplicando e, acrescentados com os escravos e seus descendentes, chegaram à pobreza de hoje. A classe média cresceu, trabalhou, fez o progresso que hoje desfrutamos e encheu-se de propriedades imóveis, pois quem trabalha ganha, e quem ganha compra e faz o que quer com seu dinheiro. Mas como dizia, Miró, os homens não são santos, assim, sempre que houve homem houve explorados e exploradores. Não foi à toa que Jesus expulsou os vendilhões do templo há mais de 1983 anos. Por isso, hoje mesmo ouvi um bispo (executivo) dizer que o regime está podre, sendo preciso mudar tudo em benefício dos D. H. Veja, Miró, todos esquecem por ingênuos ou astuciosos que não há homens de inteligência igual (lembra-se que já disse a você que é bom não mexer com inteligência, só com pensamento?), mas agora chegou a hora de lembrar que a inteligência (os psicólogos chamam QI) – o quociente de inteligência vai do infantil ao altíssimo, como, por exemplo, o de Albert Einstein. É com a inteligência que se manipula melhor a vida neste mundo, logo, você vê que não pode haver igualdade dentro da turba humana, os fracos ficarão sempre por baixo e alguns sabidos por cima, é a natureza fazendo das suas. Para limitar os abusos foram feitas infinidades de leis, o que, como tudo que é feito pelos homens e executado por eles e para eles, cai na mesma imperfeição, com a verdade, a mentira e a corrupção.

Hoje está na moda "vender o peixe" dizendo que a classe média é que explora o povo pobre e por isso deve ser abolida. Na Revolução Francesa esta nascente classe média liquidou a aristocracia. Agora os pobres têm defensores que acharam o remédio heróico, a destruição da classe média com a divisão das propriedades; medidas ingênuas, pois logo estaremos no totalitarismo da esquerda. É a conseqüência da natureza humana, instável e desigual, na qual a minoria inteligente – intelectuais e executivos – domina de qualquer modo a massa de inteligência normal, comum ou inferior. É sempre a mesma história, variando apenas o panorama local e a moda no instante da civilização em marcha. Hoje está na ordem do dia esta luta entre a esquerda (os que querem ter) e a direita (os que já têm). No fundo, Miró, vive-se do mesmo jeito, pois, felizmente para os seres humanos, existe um negócio que Freud chama de mundo interno: é o refúgio de todos os que sofrem neste mundo, e especialmente dos mais espertos, que percebem o quanto são vãos o poder, a glória e a riqueza, pois sabem muito bem aquilo que já disse e agora relembro, que "mortalha não tem bolso", isto é, "do mundo nada se leva". Estes são os verdadeiros milionários, embora pouca gente se dê conta dessa verdade. Deles nada se pode tirar se não a vida. O resto, Miró, são quizílias mesquinhas entre os homens.

– Me diga uma coisa, Miró, você sabe o que é balão?
– Balão? Não sei o que é, não deve ser do meu tempo.

Mas acho que você está mudando de assunto, será que este negócio de esquerda e direita estava ficando quente demais?

– Nada disso, Miró, o balão vai esclarecer muita coisa, como você verá. Não é balão de ensaio, o boato que o governo lança através dos canais incompetentes para ver como o povo reage quando quer fazer algum pacotinho que sabe que o pessoal não quer (democracia). É balão mesmo, de papel de seda, mecha e tudo o mais. Quando eu era pequeno, no São Paulo antigo, chegando junho, com as festas de Santo Antônio (dia 13), de São João (dia 24) e de São Pedro (dia 29) era uma gostosura, festa por pequena que fosse em todas as casas, fazendo frio com a garoa que já contei: a fogueira era quentinha, assava-se batata doce e nós, meninos pobres, soltávamos balões, pois os ricos, além de um fogueirão e balões muito grandes, soltavam fogos de artifício vindos da Europa e vendidos na Loja da China (mas era aqui mesmo na Rua José Bonifácio, no Centro). Mas não era só chegar e soltar o balão, este tinha que ser feito muito antes e era uma alegria chegar do ginásio e, em vez de estudar, fazer balões. Tinha que comprar papel de seda de várias cores (que vinha também da Europa); eu gostava muito do preto e do cor de rosa. Já bolava o tamanho que teriam e como deviam ser os balões: se pião, o mais fácil e comum, se quadrado ou charuto. Os balões sofisticados, parecendo animais e estrelas, já eram para gente grande. Todo excitado com o entusiasmo juvenil, cortava o papel direitinho com dobra e faca e depois tinha que colar as folhas parte por parte (chamadas gomos) para completar e fechar o futuro balão. Não podia haver nenhum furinho, se não o ar quente escapava e o bicho caía logo. Também tinha que ser o mais leve possível, se não não subia, daí a importância do tamanho da "dobra"; para colar um pedaço no outro ela tinha que ser bem pequena, e era preciso sempre usar pouca cola, pois muita fazia o balão ficar pesado demais. Naquele tempo só havia a goma arábica (dicionário = resina produzida por diversas árvores do gênero Acácia) que se comprava em vidros na venda do Seu Neves, ou então uma cola feita de farinha e água quente que Mamãe fazia.

Muito mais tarde, cirurgião, voltei a usar a goma arábica, já agora um produto puro chamado goma de acácia, que eu importava dos USA. Fazia com ela um soro que injetava nos doentes operados, em choque. Salvei muitas vidas, e publiquei vários trabalhos, aqui, no México e na Argentina. Foi antes das transfusões de sangue e teve vida curta, pois a medicina progredia rapidamente. Mas foi sem dúvida o meu "balão" na cirurgia, e eu tão entusiasmado pelo meu trabalho como aquele menino sonhador que já ia enchendo o tal computador com os dados que vão agora sendo passados para o papel.

Era uma sujeira danada, pois com a cola lambuzava-me todo, e mais a mesa da sala de jantar, mas o balão tinha que ser feito. Eu era perito, pois tinha aprendido com meus primos marmanjos. Fazia uma porção, tudo bem acabado, com a boca feita com um arco de arame leve; dobrava guardando para a época certa. Os melhores, para a véspera de Santo Antônio, pois papai chamava-se Antonio. Mas fazer balão era uma coisa, soltar era outra. Havia a mecha para acender na hora, que esquentava o ar, fazia o balão encher;

com o ar quente mais leve ele subia para o céu todo garboso com os oh! de todo mundo, uma alegria. Na mecha estava a ciência do negócio. O pessoal da cidade fazia uma pelota com saco de arriagem (um tecido de juta que vinha da Índia para fazer sacos de café, feijão, arroz etc.), embebia em querosene, tocava fogo e pronto, o balão subia. Mas havia um defeito: o querosene dava muita fuligem e o balão ficava preto por dentro e logo também desaparecia a beleza da transparência e das cores do papel. Era, assim, um balão cafona. Quando caía era só sujar a mão de quem pegava. Eu era já meio curioso, aprendi não sei com quem a fazer uma mecha especial. Fazia tiras do tal saco, que embebia numa mistura quente de sebo, breu e cânfora. Depois enrolava a tira e cruzava dois rolos (três ou quatro se o balão fosse grande), amarrava com arame e estava pronta a nova mecha. A chama era clara e durava muito mais que o querosene, além de não fazer fuligem. Assim, o balão subia com suas belas cores e subia, subia até "sumir". Era o máximo da perfeição.

– Huuum...

– Já vejo sua cara de novo irônica, você acha que balão não tem nada que ver com propriedade e que eu estava desconversando mesmo! Nada disso, tem muito e você verá, porque na hora de pegar o balão quando ele caía é que vem a analogia (dicionário = ponto de semelhança entre coisas diferentes). Sabe, havia centenas de balões e se podia contar até vinte ou trinta ao mesmo tempo, tanto de dia como de noite. Era um gosto praticar a aritmética somando balões; olha aquele! É quadrado! Está pegando fogo! A mecha está caindo! Ele está murcho, a mecha está apagada! E por aí afora no entusiasmo de um São Paulo provinciano e feliz. Na hora de correr atrás é que era a grande corrida de obstáculos, pois o bandido parecia que caía mas não caía, o vento o levava para onde queria. A molecada se divertia e na hora de alcançá-lo, quando na rua, era o marmanjo que pegava, apagava a mecha, dobrava e lá se ia para o desaponto dos outros todos. Mas comigo havia um porém muito especial. Eu morava no Jardim da Luz, que fechava pontualmente às oito e meia (hoje vinte e trinta) e então ficava rei e senhor de toda a área junto com o guarda da noite (não arriscava sozinho no escuro) e toca a pegar balão onde pudesse. O azar eram as árvores, aí era só desaponto e logo tratar de olhar para cima e ver se pegava outro. Enfim era a infância dourada e inconseqüente de uma criança feliz.

À medida que eu crescia as coisas iam mudando, São Paulo progredia, industrializava-se, subiam chaminés altíssimas por todos os cantos, os balões iam rareando e meu interesse desviava-se para o estudo que ia ficando cada vez mais necessário. Com este crescimento de São Paulo começaram a aparecer os incêndios provocados pelos balões que caíam, e começaram as reações e proibições. A turma teimava, persistindo, pois "queriam roubar a alegria da criança no mês de junho". Mas não havia mesmo remédio. Com o aumento da população e da molecada e a diminuição de balões, pegá-los passou a ser não uma alegria descontraída, mas um esporte violento, todo mundo armado de pau e vara e sobretudo grandalhões entre os pirralhos, como acontecia com cachorra no cio andando pelas ruas seguida de um bando de machos desde o pequeno lulu até o bruto mastim (nesta hora tamanho é competência). Resultou então uma guerra, pois onde ia caindo o balão ia atrás todo o grupo até que, alcançado, era instantaneamente estraçalhado na base do "se não é para mim não será de ninguém". Assim, cada um sujava as mão num pedaço do balão e ia embora decepcionado mas ufano, pois "pelo menos o balão não foi de outro", sentimento predominante no moleque pequeno e fraco que só tinha a fantasia de ser grande. O balão foi estraçalhado, todo mundo ficou com um pedacinho, mas balão mesmo deixou de existir.

Acorda, Miró, que aqui chegamos no principal e entra a analogia com a propriedade. Ela (o imóvel) também foi construída laboriosamente e com capricho com o dinheiro de quem trabalhou e ganhou. Foi usada pelo próprio ou alugada para render o prêmio do esforço de quem a fez, dando o prazer de ver o balão subir. Com o passar do tempo o balão do adulto passou a ser um objeto perigoso de pôr fogo no circo da sociedade humana, pois quanto mais gente pobre menos propriedades relativamente ao crescimento descomunal da população. Hoje estamos como no tempo do final dos balões, quando a massa corre atrás deles, e não podendo pegar quebra tudo. E a culpa fica sendo daqueles que no tempo antigo faziam os balões-imóveis que usufruíam legitimamente. De meninos sonhadores passaram a ser os atuais exploradores do povo porque construíram, guardaram, conservaram e usufruem mal e mal aquilo que fizeram com o suor de seu trabalho, são os "malditos" burgueses exploradores daqueles que nem sabem o que é um papel de seda, nem sabem preparar uma mecha, quanto mais fazer os balões que são os imóveis de ontem. Vê você, Miró, que a história do balão é como uma parábola profética. Estamos hoje na época em que a molecada armada de pau e vara ameaça acabar com o balão, não porque tenha raiva do balão, mas porque não podendo tê-lo para si a sentença é: não será de ninguém. Como vê, desde o tempo de Nero, que pôs fogo em Roma enquanto tocava harpa pensando que fazia versos, não houve grandes progressos sociais, o homem continua o mesmo. É só ver o que tem acontecido nos países do sul da Ásia nestes últimos anos: liquidaram com o balão e agora têm que inventar outro brinquedo. É o sonho de muitos por estes Brasis: mudar o regime para acabar com o balão, só que ainda não sabem como será o divertimento a ser inventado. Enquanto se espera, continuam a espreitar o céu com paus e varas na expectativa de caçar o balão. É a eterna parábola da vida.

Mas lembrando os moleques dos balões penso em alguns detalhes da violência que tenho assistido ultimamente. Você sabe o que é adolescente?

— Chefe, está me arreliando? O balão foi mesmo uma parábola, mas este "adolescente" me confunde, pois penso em docente, consciente e inconsciente. Quer saber de uma coisa? Não tenho a menor idéia.

— Neste caso, Miró, é melhor começar pelo Aurelião: período da vida humana que está entre a puberdade e a virilidade. No vulgo é o frangote, ou como diz a anedota *o galego al primo canto*. Já mencionei que é o começo da reação, do nervosismo do homem jovem, da revolta contra os pais, contra a família, contra os costumes, contra tudo o que é figura paterna, desde o soldado da esquina, passando pelo delegado, pelo professor, até o governo e o coitado do João que não tem nada com o peixe. É quando o ensino não presta, o professor é burro, o trânsito é lento, o pai é atrasado (às vezes é mesmo), o patrão é carrasco, enfim, só ele está certo e todo mundo errado, daí se arma de porrete e vara de bambu e sai atrás dos balões da vida. É uma fase difícil e passageira da vida, mas que para alguns, sobretudo do contra, continua até a velhice. São os eternos adolescentes que imaginam um mundo que não existe.

Mas me lembro dos moleques do pega-balão, quando vejo a ação dos adolescentes pobres que também reagem como os ricos, mas de maneiras mais primárias e evidentes (os ricos disfarçam no Jardim América com suas motocas, gatas e tóxicos e não se percebe bem a equivalência). Quando há barulho social no mundo, se você assistisse TV veria que na frente estão sempre os adolescentes cheios de entusiasmo e raiva. Aqui em São Paulo, a mesma coisa: numa certa confusão dos *boys* no Centro vi na TV os jovens quebrando o que era quebrável e garanto que não eram *boys*, somente adolescentes. O mesmo vi na última bagunça de Santo Amaro festejando o início do novo governo "da mudança". Sempre eles, se não com as iniciativas, pelos menos com a ação. Nos tóxicos então a coisa é clara e os vendedores sabem disso e começam a agir nas escolas do 2º grau. Universitários então nem se fala, se você der um pulo na USP (não sei se já limparam) pouco falta para ter aquela palavrinha começada por M que quase deu cadeia para o ilustre diretor do mais importante museu do País. É tudo do contra, na base do "abaixo a ditadura", "viva Fidel Castro", "na URSS é que é bom" (ela lá e eu aqui), "abaixo os burros" (professores), "viva a igualdade" (de conhecimento), "já nascemos sabendo", "fora os milicos" etc. e tal, de acordo com a imaginação criadora de cada um. Enfim, a criança grande, calça comprida, partidária e cumpridora dos preceitos do amor livre e contra os livros, que só sabem atrapalhar a vida dos grandes homens do amanhã.

Você entende, Miró, sempre a mesma cantilena, o homem na sua evolução, ou melhor, no seu crescimento, passa por diversas fases, e a adolescência é uma delas. O dicionário diz que ela vai dos 14 aos 25 anos, é bem possível, pois os universitários fazem bagunça até a formatura, que acontece talvez pouco antes dos 25 anos; eu mesmo fiquei médico com 24, mas colegas puseram o anel de doutor até com 22 anos. O anel na vitrine da joalheria não tem maior importância, mas quando você o põe no dedo há uma transformação, não sei se é feitiço da pedra (cada doutor tem anel com pedra de cor diferente: o doutor-médico é verde, esmeralda, e o doutor-advogado, vermelho, rubi, embora hoje só haja o simbolismo no dia da formatura). Não se usa mais anel e se usassem seria de vidro de várias cores. Está tudo muito caro. Mas vale o simbolismo, e é só enfiar o anel no dedo (real ou fingido) que acaba a adolescência, o bicho vira homem, fala pausado, circunspecto e impõe respeito pois já é doutor, isto é, deixou de ser criança!

Mas como sempre neste mundo há um porém: o terrível risco de estacionar e o fulano ser adolescente revoltado até os cem anos (agora já mais fraquinho, mas falando grosso se tiver fôlego). Você não entende bem como é isso de parar na evolução, vou dar outro exemplo: são os homossexuais antigamente etiquetados de frescos ou bichas, hoje promovidos a Gays, e até com doença particular e exclusiva chamada no mundo inteiro Aids, um horror!

– Ora, mestre, homossexual é charada fácil de matar. Não é a sexualidade do homem?

– Errou, Miró, homo aqui não é homem, quer dizer igual e vem do grego *homas*. Assim, significa que dois indivíduos do mesmo sexo (homem com homem e mulher com mulher) transam.

O homossexualismo não é doença nem nenhuma sem-vergonhice como se pensava antigamente (o que diria Wilde se fosse vivo!). É apenas uma perversão sexual (termo inventado por Freud) que significa um desvio da evolução sexual do ser humano, que estaciona enquanto o corpo evolui para o físico adulto. Como vê, a situação é equivalente. Os adolescentes na esfera da contestação social, estes últimos curtindo os azares de uma evolução psíquica anormal. Não condeno nenhum dos dois grupos, apenas estou mostrando a você as circunstâncias e conseqüências da evolução deste ser complexo que é o *Homo sapiens*.

Mas este meu igual, o tal ex-macaco, é danado para gostar de coisas que fazem mal à saúde. Você, Miró, já ouviu falar em tóxico, deve ter ouvido, pois na TV volta e meia mostram um pó branco que parece açúcar "mas não é" e custa os olhos da cara (neste caso os olhos da cara da gente se estivessem à venda). Mas, *never mainde*, como diz o que aprendeu duas palavras de inglês. Você não deve saber bem o que é. Nem vou olhar no dicionário porque sei que vai dizer que tóxico é veneno. Vou dar uma explicação moderna de acordo com os órgãos de comunicações de massa (que só dizem a verdade e nunca a torcem para o lado em que estão). Tóxico é tudo que é bom, mas faz mal. A única exceção conhecida é o gostosinho, de que o pessoal usa e abusa do mais cedo ao mais tarde possível e que não faz mal. Os homens, que sempre se fizeram machistas, não podem passar sem ele, as mulheres são mais moderadas, mas também tiram suas lasquinhas. Mas aviso que minha definição é uma generalização, isto é, abrange tudo e por isto não deve ser tomada ao pé da letra, isto é, soletrada como se fosse uma verdade absoluta.

Pois bem, tudo é tóxico, desde a boa pinguinha cabocla, passando pelo vinho, pela cerveja, pela caipiríssima (já não chegava a nossa caipirinha de pinga, limão e açúcar) inventaram uma muito mais caipira que é feita com vodca, a pinga da Rússia (não tem gosto mas é *chic*, sobe rapidamente à cabeça sem que se perceba e é muito mais cara). Você sabe como é o brasileiro, jeitozinho, nunca se sabe o futuro, a coisa pode vir como a vodca, sem ser percebida mas subindo logo na cabeça, desta vez por fora por instrumentos contundentes (pau, por exemplo), de modo que o melhor em certos círculos especializados é passar da velha caipirinha para a caipiríssima (considerando-se a incógnita – ou certeza) do futuro. Mas vamos adiante, tudo isto é gostoso, e de fabricantes diferentes mais ou menos bons, cada um com sua marca ou rótulo, como você poderia ver nas novelas de TV se o pessoal não escondesse cuidadosamente virando a garrafa para o outro lado. É gostoso, aparentemente não faz mal, mas tomado demais e sistematicamente acaba arrebentando com o fígado e outros órgãos e geralmente leva o fã para o outro mundo mais cedo do que o necessário. Logo, faz mal, queiram ou não queiram. Dentro deste esquema citado há bebidas fracas e fortes, o vinho e a cerveja são fracos, como a carne.

– Que carne, patrão, congelada ou fresca e verde?

– Sei lá, todo mundo diz que a carne é fraca, logo *vox populi, vox Dei*. As bebidas fortes são como a nossa pinga, a vodca que é só uma pinga que parece transparente mas é vermelha, o conhaque, orgulho da França, e o whisky que é a marca registrada da Escócia.

Ia me esquecendo, tem também o *bourbon* que é o whisky feito nos EUA, é a mesma coisa do Escocês só que é diferente. Até aqui tudo tóxico bonzinho que só faz mal se se abusar dele. O diabo é que tudo isto é feito pelo homem e onde tem homem tem malandragem e a turma sabida falsifica ou deturpa tudo isto. É a história verdadeira dos leiteiros de antigamente que punham água no leite porque achavam que as vacas tinham leite forte demais e podia prejudicar a freguesia. Eram honestos portugueses que tinham seus estábulos na periferia e depois ficaram milionários vendendo não a água do leite, mas o velho chão paulista que ficou num preção. Depois, naturalmente, percebendo que o leite estava meio aguado fizeram parte das comissões que moralizaram o fornecimento, de modo que hoje você mesmo recebe leite em saco plástico, tudo bem fresquinho, sem água do córrego, sem germes (bichinhos que não se vêem a olho nu) e também sem gordura, que tiram para fazer manteiga. Hoje alguns saquinhos têm leite com cheiro meio suspeito que lembra o tenebroso passado. Eu conto: não sei qual foi o leiteiro inteligente que descobriu, veja que cientista precoce, que pondo água no leite a fiscalização descobria com um aparelho chamado densímetro. Se não estivesse o tal tubinho oco com bolinha de chumbo na ponta com a altura certa quando mergulhado no leite, era batata, o leite tinha água e pau no falsificador (não acontecia nada, corria em vez de água um dinheirinho, jogava-se aquele leite fora e voltava a santa paz de sempre). Mas o tal proto-cientista descobriu que urina de vaca dava boa densidade, daí fazia uma química com a água e o leite que, assim original, passava maneiro pelo *test*, como se diz hoje ao modo chic americano (o João foi fazer *tests* no USA). Mas o diabo é que dava um cheirinho meio esquisito. O pediatra dos meus filhos, o grande Chiafarelli, costumava dizer que o leite de São Paulo era o pior veneno para as crianças. Isto foi já há 40 e tantos anos passados, mas não deixa de estar dentro de nossa conversa sobre os tóxicos. Mas, como ia dizendo, falsificam tudo e em especial estas bebidas fortes e caras. Dizem que é por isso que as boates (botequim de grã-finos) ficam quase no escuro. A gente pensa que é por economia de luz ou para facilitar o pessoal fazer sacanagem no meio de todo mundo, mas outros dizem que é para o freguês não perceber nem o que bebe (que é muito) nem o que come, se é que come (o que é pouco). Agora, na hora da conta vem o garçom (sempre com um leão de chácara atrás) e bota um luzão de lanterna que mostra o contão enquanto a cara do assustado e incauto (se não for do governo, ou de estatais ou de multi) freguês fica no escuro para que ninguém perceba sua extrema palidez. Bebida falsificada é um perigo porque nunca se sabe como foi feita; é o caso do leite, se fosse só água pura não acontecia nada, mas o vaqueiro, não vendo minhoca na água, punha qualquer uma e lá vinham as doenças. O caso mais típico é a cachaça (pinga) e o whisky. Há pingas de muitas qualidades, a gente pensa que é do mesmo alambique e do mesmo produtor. Qual nada, uma vez estive em uma cidade do interior e vi como entravam na "fábrica" caminhões-tanques cheios de aguardente de todas as procedências, tudo era misturado e aí saía a tal marca registrada, sabe Deus se era aguardente + álcool puro ou impuro. Acho que aproveitavam o fato de que cachaceiro toma pinga mais pelo fato de ser pinga do que pela qualidade e é uma "lapada" atrás da outra que o "fígado garante" (o João também disse "plante que o João garante" e agora quero ver como vai garantir o que o pessoal plantou no Sul). Com o whisky o negócio também é esquisito: antigamente falsificavam com tintura de iodo por causa da cor e mais químicas que desconheço. Depois, no tempo do outro João, houve um negócio complicado de whisky escocês a um (hum) dólar a garrafa, que não cheguei a entender (mas muita gente ficou rica); pode ter sido coisa por conta dos falsificadores. Depois o preço começou a subir embora o Paraguai e a Guiana sempre se esforçassem por manter o custo de vida baixo através do contrabando. Hoje o whisky está tão caro que o pessoal de "bem" aderiu à caipiríssima, só os executivos e os grandes da República, sabe, senadores (sei de um, biônico, que só toma champanhe francesa hoje baratinha – 35.000,00 cruzeiros a botelha), ministros e tantos outros grandes que seria alongar demasiado esta explicação. O whisky nacional é mais ou menos, é o sucesso industrial dos antigos falsificadores de fundo de quintal que evoluíram e se tornaram empresários. O caso é que posso dar a você um conselho amigo, não beba whisky porque o fígado não gosta muito dele, se não resistir à tentação de ver a turma de cima tomando do bem-bom, faça um sacrifício, compre uma garrafa e tome em casa. Nos botequins simples ou de luxo, cuidado, pois vai pagar 4 vezes mais sem saber o que está tomando. Quem avisa amigo é.

– Puxa, mestre, como fala! Não se cansa de escrever tudo isto?

– Miró, ironia não pega comigo, afinal, se estamos numa democracia, tenho todo o direito de dizer o que me parece. Como você insinua, eu sou prolixo, escrevo muito, sou fastidioso, chato, sonífero, mas com certa justificativa: se for conciso e preciso o livro vira um caderno e não há editor que aceite nem alfabetizado que compre e leia. Por outro lado, a clareza da filosofia exige grandes explicações, se não deixa de ser filosofia e passa a ser apenas conversa de rua e o título deste livro torna-se falso como as bebidas citadas. Como vê, para tudo há explicação, assim, não venha com a do macaco-TV com o "eu só queria entender", já entendeu; não é?

Mas o negócio do tóxico tem também seu lado trágico, muito mais funesto do que a cirrose do fígado no fim de uma vida regalada com as gostosas bebidas. Há uma porção de tóxicos que confirmam o dicionário, são venenos, lentos mas sempre venenos. No meu tempo de jovem não havia dessas coisas modernas. A gente só via no cinema mudo os chineses (falsificados em Hollywood) fumando ópio, mais amarelos do que habitualmente, deitados em camas-beliches, dormindo tranqüilamente. Já médico, usava o ópio em meus pacientes para prender o intestino quando ele funcionava demais. A morfina era dada para controlar a dor e eu até a usava injetando nos teus iguais, Miró, quando fazia operações em cachorro para minhas pesquisas ou aprendizado. Mas nunca soube de alguém que fosse viciado. Devia haver, confesso, mas estava muito ocupado estudando e trabalhando para saber dessas coisas. Mas o homem, como sempre, deturpa tudo, estas drogas tão úteis no tratamento de doenças logo passaram para a classe das gostosuras. Descobriram que davam sonhos maravilhosos, um estado de euforia (dicionário = sensação de bem-estar), que nada, muito mais que isso, coragem, audácia, devaneios, delícias e um monte de coisas que o fulano não tinha de verdade. Você sabe, um conta para o outro, propaganda etc. e tal e a coisa foi-se espalhando. De repente, junto com o Milagre Econômico Brasileiro (espécie de tóxico que foi injetado na economia do País) a coisa se espalhou e todo o mundo quis saber como era. Mas tudo tem preço neste mundo. Tudo tem que ser pago, cedo ou tarde, como é o caso presente de nossa dívida externa e o tal remédio amargo que já expliquei a você. Tive um professor de medicina que sempre dizia que a morfina era útil, mas depois "cobrava" o benefício que fizera. Tinha toda razão, o tóxico é veneno porque vicia, isto é, torna o freguês dependente.

– O que é dependente? É o tal de dependente do IR?

– Ora, Miró, qual IR qual nada, não vê que você está interrompendo o discurso?

– Bem, mestre, discurso já era, hoje é só falar grosso ou então conversa miúda de despeitado!

– Não chateia e ouça. Dependente é aquele que toma tóxico e depois não pode largar mais de tomar, se não continuar sofre, paga o preço de tudo que tomou antes e pode até ficar louco. É como o governo que viciou em tomar o dinheiro dos contribuintes e que cada vez quer mais para poder continuar as suas mordomias.

– Mas o que é mordomia? É coisa inglesa do mordomo ser sempre o autor do crime?

– Olha, Miró, que é crime não há dúvida, mas se tivesse lido os jornais saberia tudo a respeito de mordomias e crime. O caso é que hoje há tóxicos de várias qualidades, a saber: maconha (espanhol = marijuana), morfina, cocaína (vulgo pó branco), heroína (ópio retificado) e o chamado LSD que cria alucinações terríveis e geralmente deixa o freguês louco para sempre. Aqui também há preferências segundo o requinte e a bolsa do usuário, falsificações com diluição do produto puro e as demais patifarias de sempre. O triste, porém, é que são usadas por seres humanos cada vez mais jovens. Já se começa na escola do 2º grau, como sempre o adolescente, e daí para diante. Deve ser algo muito bom (nunca experimentei) e cria condições de grande euforia e excitação, aumentando por pouco tempo, mas o suficiente, a produtividade de jogador de futebol, artistas de shows que fazem a platéia imensa dos estádios delirar e desconfio que aumenta também a animação de boa parte dos jovens espectadores. Enfim, faz todo mundo feliz e desligado de todas as dificuldades da vida. O diabo, como disse, é a tal cobrança, que na realidade quem paga, e a conta é alta, é a sociedade; são os que trabalham e não provam estes pitéus oníricos (fazedores de sonhos), sustentando estes pobres viciados que nada produzem em benefício próprio ou da comunidade. O que posso dizer a você, Miró, que por ser cão está livre destas misérias do homem, é que o tóxico por tóxico que seja está sempre ligado a condições preexistentes. Ele desenvolve e amplia fatores de caráter e personalidade. No caso da maconha: se o fulano é um delinqüente, quando fuma fica agressivo, perigosíssimo e assassino desalmado e frio. O que já existia dentro dele foi ampliado pelo tóxico, é como se fosse ele mesmo com vidro de aumento. Se, entretanto, o indivíduo for realmente normal por dentro dá apenas sono e ele vai dormir. Por isso é que tanto se discute sobre os malefícios da maconha e alguns ingênuos até proclamam que é inofensiva. É como o álcool, que faz o fulano alegre e comunicativo e depois dá sono, ao passo que raros bêbados brigam e quebram tudo o que vêem pela frente. É sabedoria policial nunca enfrentar desarmado loucos e bêbados.

Agora, o que quero comentar com você, Miró, é o porquê do tóxico ser cada vez mais difundido e cada vez em gente mais jovem deste nosso mundo ocidental. Será só a bagunça da licenciosidade democrática, os D. H. a que todo o mundo apela para fazer o que não pode e quer ou o que quer e pode? Acho explicações simples demais. Vendo esta juventude imensa reunida em festivais, vestibulares, comícios, teatro de vanguarda e tudo o que é do contra, "para mudar", eu me pergunto: Qual o futuro dessa juventude que odeia o estudo, as obrigações, a disciplina, os mais velhos, a sociedade em que vive, em suma, esta juventude alienada como se costuma dizer? O que os espera? Serão os homens e dirigentes de amanhã, e com qual preparo, experiência e conhecimento? Será que com ódio se vai melhorar este mundo? Por outro lado me identifico de certa forma com eles e me vejo diante de um muro alto que é o futuro cinzento que os espera, sem uma expectativa sequer plausível, quanto mais brilhante. Como pode um adolescente se entusiasmar e sonhar com algo formidável na vida com esta pletora de candidatos para tão poucas vagas?

Para mim, esta espécie de beco sem saída está na raiz do alheamento, uma pura defesa psicológica para não ver este buraco negro para o qual vão seguindo no dia a dia inexorável. O alheamento favorece a vontade de experimentar algo de novo, tudo são tentativas de novos caminhos onde entraram como rumo comum o sexo precoce e indiscriminado e com ele os tóxicos. Falei, Miró, não sei se você ouviu e entendeu, mas está falado.

– Você disse que usou morfina para operar cachorros. Isto me preocupa, mestre, pois não esqueça que sou um cachorrinho, embora reconheça que sou de estimação.

– Caro Miró, você me obriga a falar sobre um ponto sensível de minha vida que preferia esquecer. Neste mundo fazem-se coisas que se justificam nas circunstâncias do momento e que muitos anos depois, já com outras águas passadas pela ponte da vida, a gente se arrepia como se tivesse feito um crime. Lembro-me que há 42 anos, convalescendo de uma pneumonia numa fazenda de Gália, SP, onde havia uma reserva florestal, fui caçar e matei um macaco grande que estava pacificamente no alto de uma árvore. Depois de vários tiros de cartucho o pobre caiu com um barulho surdo e eu, todo orgulhoso (que imbecil!), levei o macaco para a casa da fazenda e ele apareceu como um belo guisado na mesa do almoço. Não pude comer, a carne mastigada não podia ser engolida. Senti-me como um antropófago e nunca mais cacei e nem sei onde foi parar minha espingarda mocha Saint'Etienne. Você vê por aí que há algo de macaco em nós, pelo menos em mim que não consegui engolir um pedacinho talvez de um descendente de algum ancestral peludo. Foi mais uma lição que a vida me deu. Hoje quase desvio para não pisar numa formiga.

Sabe, Miró, eu fui um cirurgião até que meio famoso para o meu tempo. É uma especialização médica curiosa, a de um médico que lida com as vísceras e o sangue do semelhante sem ser delinquente, sem dúvida um profissional especial dentro da constelação médica. O que importa agora é responder sua pergunta ressabiada sobre operação em cachorro. Você talvez nem possa imaginar, mas a cirurgia é uma especialidade de enorme responsabilidade (para aqueles que são responsáveis), pois lida diretamente com a vida alheia. É o oposto do delinquente, que é insensível à vida do semelhante. É preciso se preparar com cuidado para não faltar à sua missão profissional e foi por isso que, ainda estudante, cheio de planos e no entusiasmo por uma responsabilidade que já sentia tão precocemente, iniciei-me operando cães. Você me olha com reprovação, perguntando por que cães e não homens. Certo, do seu ponto de vista, Miró, mas errado do meu ou melhor do ponto de vista do homem. Você já viu como a questão dos D. H. é ponto sensível entre nós, imagine se tivesse que praticar cirurgia num corpo humano vivo. Seria certamente crucificado se descobrissem.

– Mas você só operou cães? Quando há tantos animais?

– Bem, Miró, não poderia operar um lobo, que é selvagem e inatingível. Mas lidei também com pombos, o que prova que não sou contra sua raça. Buscava a causa (etiologia) de uma doença chamada megaesôfago e megacólon. Minha teoria (teoria da avitaminose) era que ela acontecia por deficiência da vitamina B1, que causava a destruição das células do sistema nervoso em torno do esôfago e do cólon. Tinha encontrado estas lesões no homem, queria provocar no pombo para ver se estavam certas minhas idéias. Experiência e pesquisa no Brasil é coisa que só era feita, na época, já lá vai quase meio século, pelo entusiasmo quase heróico de algum idealista como eu. Tinha no quintal pombos cujo alimento passava pelo autoclave a 120°, destruindo a vitamina B1. Obtive assim a confirmação de minha teoria e publiquei o resultado na revista da Academia de Cirurgia de Buenos Aires, da qual era Membro Honorário. Confesso que foi essa toda a maldade que fiz aos animais e hoje me penitencio com a afeição que dedico a você e a todos os animais que o homem, o mais feroz dos animais, tudo faz para destruir como fez aquele outro eu que matou aquele pobre macaco nos idos de 1940.

– Tenho uma dúvida, mestre. Parece que os médicos dos animais são os veterinários. Eles então operam os homens para aprender?

– Pobre Miró, como você é ingênuo, nossa relação de amizade é única no mundo animal, por isso vocês são chamados os fiéis amigos do homem. Mas este mesmo homem usa e abusa de seus irmãos da natureza e jamais faria um sacrifício sequer semelhante ao que vocês fazem por nós. Somos por autodefinição os Reis da Criação e, assim, sabe, rei é rei ou até imperador como andam ainda alguns disfarçados pela América do Sul.

O que vou contar a você é sobre os médicos como eu e não sobre os teus, que são veterinários. Arisco como você é, sairia correndo, pois a lembrança de quando foi operado não deve ter fugido de sua memória. Médico é o tal que faz um juramento chamado de Hipócrates.

– Ora, chefe, penso em hipopótamo e não tenho a menor idéia do que é este outro bicho!

– Confessar ignorância, Miró, é louvável, mas acho que só cachorro faz isto pois, entre nós, a turma agüenta firme e finge que sabe. Hipócrates foi por assim dizer o pai da Medicina no tempo das zagaias (o dicionário manda dizer azagaia), que quer dizer no tempo antigo, num país que foi o berço da cultura do ocidente. Vejo que está quase roncando! Mas deixe-me acabar; como bom pai redigiu no tal juramento um conselho para os futuros colegas. Coitado, se andasse por este mundo hoje pensaria que estava em outro planeta, pois o "eu juro" do dia da formatura fica logo esquecido na luta pela sobrevivência, como dizem os de barriga cheia, do que eu desconfio muito, por tanta coisa que tenho visto. Mas nem sempre foi assim, houve tempo em que o médico era respeitado e respeitava não só o paciente como até o bolso de seu cliente. Era o amigo, o conselheiro, o médico de família.

Mas existe na profissão de médico o cirurgião, que é o caçador impiedoso e cruel que penetra na floresta do corpo humano na caça às doenças e com coragem e determinação destrói o inimigo, extirpando o mal e curando seu paciente. Seu ambiente no campo operatório é o sangue e seria o sofrimento, não fosse o maravilhoso progresso da medicina moderna com os anestésicos que hoje suprimem totalmente a dor e o sofrimento. Fui um deles, sem dúvida dos maiores, pois tenho 1,82m de altura. Fui, de certa forma, dos pioneiros, pois na época ainda estávamos incompletos no nosso conhecimento e aparelhamento.

– Se estavam incompletos, chefe, por que operavam? Era para reaprenderem o que aprenderam com os de minha raça?

– Não seja irônico, Miró, bem se vê que você tem pouco conhecimento da evolução da medicina neste século XX. Éramos atrasados, sem dúvida, mas com muito boa companhia por quase todo o mundo. Só nos centros de alta cultura dos USA é que havia o melhor, isto em 1940. Você devia saber que, quando se tem o pouco e insuficiente, é preciso enfrentar as doenças com os recursos possíveis, pois ela não espera e mais vale dar o pouco do que nada na certeza da morte diante do imobilismo. Muita gente morreu por culpa de médicos que não tiveram a coragem de enfrentar o nosso despreparo e muito mais pacientes se salvaram pela ação corajosa de cirurgiões que deram tudo de sua inteligência e dedicação na improvisação de recursos encontrados aqui mesmo.

Comparemos, Miró, o desgaste de dois médicos, o clínico e o cirurgião. Aquele cuida do seu paciente, pede os tais *tests* e depois dá a receita e, inclusive, pode indicar uma cirurgia. Vai para casa e dorme tranqüilamente, pois tudo o que fez depende do efeito dos remédios receitados, sobre cuja ação não tem nenhuma possibilidade de atuar. Acompanha a marcha da doença e se o doente morrer fez, sem dúvida, o que pôde. Já o cirurgião intervém diretamente no processo patológico, tem que extirpar o mal e neste embate sangrento pode perder o doente a partir da mesa operatória e pelo período pós-operatório adentro. Tudo pode acontecer no ato operatório, acidente anestésico, medicamentoso e imprevistos técnicos no afã da retirada do mal. Fui cirurgião do tórax e durante muitos anos operei doentes com tuberculose pulmonar, antes do aparecimento dos antibióticos e quimioterápicos que a debelaram. Com a longa evolução da doença a relação entre os órgãos do tórax se alterava totalmente, de modo que cada doente era diferente de outro. Sabe você o que isto representa de desgaste emocional para o cirurgião? Aí está um exemplo da diferença de atuação dos dois médicos, cada um na sua área. Você pode imaginar como ficou o Zerbini no primeiro transplante do coração que fez em São Paulo? Da minha primeira extração do pulmão me lembro perfeitamente, apesar de tantos anos passados. Foi num homem baixinho chamado Fortunato. Tive que improvisar, não só dirigindo como fazendo quase tudo. A luta foi dura, consciente, mas audaciosa. Uma inovação, pois não havia ainda nem banco de sangue. A operação durou 5 horas e o paciente curou-se. Acabamos já tarde, com uma fome de lobo e entusiasmados, por não ter o homem morrido na mesa. Paguei o almoço para todos os assistentes no restaurante Spadoni, na Avenida Ipiranga, todos exaustos, mas exultantes. Passei ontem em frente e lá está uma agência bancária. Caro Miró, tudo isto é hoje apenas rotina. Naqueles tempos duros era o resultado do esforço individual de alguns entusiastas, pois eram dificuldades por todos os lados, nem enfermagem decente havia. Hoje você já viu, trabalho de equipe, um monte de cirurgiões, cada um com sua função determinada, enfermagem de categoria e depois a UTI, onde o operado tem uma atenção especializada e constante, com aparelhagem própria. Se você soubesse como era antigamente certamente não acreditaria, tal a precariedade de tudo. Mesmo assim operava-se e curava-se muita gente à custa de um sacrifício tremendo de uns poucos. Era um tal de perder o sono e levar um susto se o telefone tocasse e até sonhar que ele estava tocando. Quantas vezes depois de um dia exaustivo levantava à noite, punha calça e paletó por cima do pijama e voava para o hospital. Sabe que em 1941 introduzi no Brasil o uso do soro na veia, feito sob minha direção no Sanatório Vicentina Aranha de São José dos Campos, em vidros que eu mesmo mandara fazer na Vidraria Santa Marina em

São Paulo? Não acredita?, mas é a pura verdade e além do soro veio o oxigênio, a anestesia pelo ciclopropano e até o fosfato de codeína injetável para controlar a dor; tudo isto aprendido nos USA no ano que lá passei em gozo de uma bolsa de estudos da Fundação Guggenheim. É, Miró, tudo era difícil, tudo era produto de esforço e entusiasmo onde o ideal era curar o paciente sem pensar em luxo e dinheiro. São Paulo ainda vivia feliz antes dos novos tempos inaugurados pelo outro João. De lá para cá tudo mudou, com ações e reações que nos trouxeram até a confusão de hoje. Foi-se a medicina dedicada ao paciente, quando a conta do hospital e do médico não perturbavam os pacientes e sua família. Foi-se a relação amigável e tranquila na evolução da cirurgia. A relação cirurgião-paciente foi substituída pela relação paciente-secretária com a fineza do "pague" sem comprovante pois o imposto de renda é descaradamente burlado em detrimento do paciente que tem que pagar sem apelo.

Sabe como se pagava o médico nos bons tempos do São Paulo da garoa? Contas no fim do ano e insistência para que ele a apresentasse e cheguei a ver pacientes pagando com dinheiro num envelope que o médico punha no bolso sem abrir.

— Ora chefe, isto é saudosismo, coisa fora de moda, uma espécie de museu da memória!

— Engulo seu cinismo, Miró, mas saiba que o passado recente construiu o presente. Ademais, estamos filosofando e justamente por isto é que posso recusar o amém a toda esta situação da medicina eficiente, mas desumana de hoje.

Compreendo, posso responder ao macaco da TV, mas daí para ser o revoltado de hoje vai distância, pois felizmente já cresci. Realismo sim, saudosismo anquilosado não. Esta afirmação me faz lembrar de um sapateiro da velha São Paulo, na rua São Bento, onde havia uma tabuleta com um leão com um sapato na boca e a legenda "rasgar pode, descoser não!" Hoje tenta-se rasgar tudo, porque se ignora que tudo poderia ser apenas bem costurado pelos que clamam na escuridão dos nossos tempos. É a lição da História. Enfim, você já viu até agora, Miró, que tanto se fala em D. H. que já se perdeu o contexto com o verdadeiro relacionamento humano, homem a homem, que em troca recebe a frieza de uma medicina eficiente, moderna, mas destituída de todo sentimento humano.

– Me desculpe, mestre, mas isto é culpa exclusiva de vocês, médicos!

– Ora, só mesmo você para pensar assim. O médico seria como antigamente quando havia relação cordial entre os homens. Hoje o médico (e são tantos!) é uma insignificância na engrenagem da sociedade, não moderna, mas inchada deste São Paulo que tem apenas o nome, pois não é mais dele mesmo. Experimente perguntar uma informação a alguém: se ele não correr pensando ser um assalto, não vai entender o que você pergunta ou dirá que não é daqui. Tudo é brasileiro, mas pouco ou nenhum é mais paulista. Na medicina a mesma coisa, indiferença, ganância e raramente humanismo profissional. Sinto dizer isto a você, cão amigo, mas é a verdade. Ainda outro dia fui ao médico, um grande especialista. Pediu um exame de Raios-X; atendido pela secretária, marquei hora. Na data aprazada compareci com os remédios pedidos (pela secretária). Fui atendido por um enfermeiro que fez tudo, preparou a solução, injetou, tirou a chapa, revelou, voltou, injetou mais líquido, tirou outra chapa, revelou e finalmente mandou que esvaziasse a bexiga. O exame estava pronto. Passei pela secretária todo aliviado pela expectativa do tal exame, paguei com abatimento de cortesia profissional a metade da conta do exame (no meu tempo não se cobrava de médico e de sua família desde que o dinheiro viesse do bolso do colega). Cheque ao portador, se quisesse comprovante tinha que pagar como qualquer paciente (foi o que disse, mas pode bem ser uma conversa padrão). Voltaria no dia seguinte para o resultado. Do médico só vi a assinatura do resultado do exame. Mas ficou uma triste lembrança dessa medicina desumana e fraudulenta de hoje. Uma infecção que me reteve no leito com febre e quilos de antibióticos durante 15 dias. E esta é, Miró, a medicina de cúpula dos dias que passam. É apenas um exemplo, pode ter sido um caso isolado, mas é o termômetro destes tempos difíceis com os assaltos e sobressaltos do homem de hoje. Você vê porque nos entendemos tão bem. Você, Miró, é hoje como foram os Mirós de todos os tempos, sempre iguais, dedicados e previsíveis, enquanto hoje, é o que acabei de exemplificar.

– Você é pessimista, a coisa não deve ser tão ruim assim.

– Não Miró, sou apenas realista. Se fosse pessimista não estaria filosofando com você e mandaria "tudo para o inferno" como diz a saudosa canção do Roberto Carlos. A realidade é que hoje se vive na base do salve-se quem puder.

— Mas acreditando em tudo o que você me conta, pergunto como se chegou a este ponto de um Brasil "País do Futuro", como disse e escreveu Stefan Zweig?

— A melhor resposta é o que vou contando adiante, uma nova história deste querido Brasil. Você sabe já o que é adolescente e ativismo político. Pois no tempo do outro João, lá pelo início dos anos 60, com a pressão demográfica aumentando sempre, a rapaziada gritando e os ativistas açulando, criou-se o problema dos excedentes.

— Excedente, mestre, tem alguma coisa que ver com sobra? Então o sobrar causou problemas? Não tem o tal de excede da Shell? Devia ser coisa boa!

— Vejo que você não tem idéia do que foi a questão dos excedentes. No dicionário quer dizer "que excede, sobeja". Antes fosse como o anúncio do óleo dos automóveis. Excedente, no problema criado naquela década, foi a agitação estudantil (sempre os adolescentes revoltados e muito bem dirigidos pelos interessados), reclamavam porque ao fazer o exame vestibular (vestíbulo quer dizer: entrada de um edifício, no caso a Universidade) ficavam de fora. Naqueles idos de agitação política até o custo do leite foi motivo para exploração política e agitação das "massas". Imagine você os estudantes, então! Pois bem, excedente passou a ser a marca registrada de todos os que foram aprovados nos exames, mas não alcançaram na classificação o número de vagas disponíveis nas várias Escolas Superiores. Ainda se vivia na confiabilidade do bom-senso, aprovava-se pelo resultado dos exames e depois classificava-se pelas notas para admitir os melhores. Era e é lógico, menos para os interessados na confusão à custa da maleável juventude. Depois o pessoal do outro lado aprendeu a lição e até hoje há apenas classificação para o número de vagas, os demais milhares de candidatos apenas não foram classificados, não há mais conceitos de nota e, assim, pretexto para excedentes. Vejo que você não acha nada de mais que num concurso, que é o vestibular, só os primeiros fiquem com as vagas, pois de outra forma não seria concurso. Bem, isto é senso comum, e não o senso deturpado na esteira de uma pressão demográfica. O negócio esquentou, as greves se sucederam, o ensino pereceu (começou a época do estudante já nascer sabendo) até que de tanta bagunça não sei que governo cedeu, isto é, excedeu de sua fraqueza e comodismo e começou o Milagre Universitário. Democracia, oportunidade para todos e toca a ampliar vagas e a criar novas universidades e novas faculdades pelo Brasil afora. Você sabe como é por estas bandas, tudo é improviso sem previsões nem pensamento na conseqüência. Era o Milagre geral e toca a esbanjar iniciativas, inaugurações, nomeações, pois os dólares chegavam aos borbotões e até sobravam. Muita gente ganhou dinheiro e houve tranqüilidade por algum tempo. Já se previa um Brasil cheinho de doutores de todos os tipos, todos bem e satisfeitos da vida. Mas por pouco tempo, Miró, pois o dragão da tal pressão demográfica não deixou de trabalhar no escuro. O resultado veio logo; diz o refrão que alegria de pobre dura pouco. Aqui foi a alegria dos novos doutores que durou pouco. O Milagre acabou e já se começava a sentir o gosto do cabo de guarda-chuva tão insosso e decepcionante. Doutores em penca, de qualquer espécie, médicos, advogados, psicólogos, sociólogos e os da área de comunicações, futuros jornalistas, sobrando por aí na busca do que não existia nem existe, oportunidades novas de trabalho e ganho, pois está tudo cheio e ocupado.

— Então com tantos doutores o brasileiro ficou um povo de grande cultura, cheio de grandes homens, intelectuais de todas as especialidades?

— Que nada, Miró, pelo contrário! *Curtura* sim, mas Cultura mesmo não, é o que os fatos vêm demonstrando. Você sabe e eu já disse, paga-se por tudo o que se faz, tudo tem seu preço, que o diga o povo brasileiro que hoje tem que pagar a conta do tal Milagre. O mesmo se dá com o ensino superior hoje povoado de desiludidos, descontentes e, nas universidades, o núcleo dos idealistas que querem mudar tudo. É pena, porque os que pensavam já sabiam que a coisa ia chegar a este ponto. Faculdades improvisadas, sem estrutura sólida (boa organização de tesouraria apenas), as tais de "fins de semana", professores itinerantes de afogadilho e por aí afora, até a alegre festa de formatura, o baile (parece que não existe mais), o quadro (também desaparecido), o anel (idem, idem) e, finalmente, o resto, a baixa cultura, o despreparo na pura igualdade democrática, mas Doutores. Não era isso que queriam os criadores da excedência? Aí está o resultado. Revolta, frustração, desemprego e, hoje, culpa do governo, talvez a única coisa verdadeira, pois foi o governo de então que não teve a clarividência e a firmeza de conter seus futuros cidadãos. Mas você sabe, o tal de D. H. tinha que ser obedecido. Outro dia uma vizinha da redondeza me contou que deu um sonoro tabefe na boca do filho pequeno que a chamou de "filha da puta". Perguntou-me ela: não estou certa?, aprende na escola e vem despejar sabedoria aqui em casa e logo com este belo elogio! Ah, Miró, se fosse descoberta pelos D. H. seria por certo processada pela tortura ao próprio filho, coitadinho, assim tolhido na sua liberdade de ser humano; não é parábola não, Miró, é verdade mesmo e um exemplo do que anda por aí em todos os meios liberticidas; teve sorte ao contar só a mim e eu juro que não vou contar a ninguém, nem que a polícia me torture no "pau de arara".

Aí está o que prometi: Início, Duração e Conseqüência dos Excedentes. Quem paga a conta dessas ações "milagrosas" é o povo que é mal atendido e mistificado, sem os benefícios que o irrealismo de todos e a sabedoria de alguns vieram a lhe sonegar. A festa antiga voltou e ampliou-se, tudo continua cheio, pletórico, enquanto o povo continua na sua faina insensata de produzir novos brasileiros para gozar as delícias desta triste situação.

– Que tal, mestre, falarmos de coisas positivas, que certamente devem existir, e muitas?

– É, Miró, imaginava mesmo você pensando: será que não há nada de bom por estas terras? Só a ruindade dos homens aflorando cada vez mais como a nudez das belas mulheres que já não têm mais o que esconder? E você acha isto ruim? Pois posso dizer com certo orgulho que nunca tinha imaginado um progresso tão delicioso para meus olhos, agora já meio capengas (há sempre o recurso de olhar bem de perto ou com lente, nas revistas, naturalmente, pois ao vivo reconheço que chegou tarde demais). É verdade que o nu parcial foi para a cirurgia apenas rotina, o médico apenas olha sem ver e embora haja exceções, são raras.

Eis uma prova de que não sou saudosista, pois antigamente isto não existia e pensava-se que o Paraíso havia sido perdido mesmo. Mas foi um pessimismo vesgo, mas com certa razão: quando se via um tornozelo havia um frenesi em todo mundo. Hoje, época de liberdade, todo mundo que tem o que mostrar mostra mesmo, e é com o orgulho feminista que a mulher, consciente de sua independência (vulgo feminismo), mostra o que é dela, porque não é mais o antigo objeto masculino! É, Miró, bendito e delicioso feminismo, um gosto para os olhos e para o gozo de uns poucos, ou muitos mesmo, quem vai saber! É tudo feito ou no escuro ou sem buraco na fechadura! Só entre os índios, virgens da civilização, o nu é espontâneo e banal, você sabe, eles são selvagens! Mas deixemos de interesses pessoais, afinal você nunca ligou para o nu da Tatá, coisa da natureza, sem maiores histerismos em outros animais que não o homem.

Passemos do jardim das delícias para a realidade da vida brasileira. Afinal, o milagroso fluxo de dólares não foi de todo inútil. Veja você, Miró, se estivesse a par do que tem acontecido neste século, lendo, ouvindo e vendo os canais de comunicação pelos quais você recebe tudo bem empacotado e com papéis de várias cores e mais ou menos bem enfeitados, mas sem usar seu coco para filtrar tudo e separar o poluidor, a poluição e a verdade, verá que há neste Brasil muita coisa boa, excelente mesmo. A prova é que muita gente fina, culta e treinada em ganhar dinheiro lá fora vem para o Brasil, gosta e fica, pois se não é o País do Futuro como disse Zweig, ainda dá futuro para muita gente. Mas são generalidades que não interessam: temos coisas muito boas: eletricidade à vontade, e aqui não pode haver engano pois é só acender a luz. Tem tanta que dá para eletrificar todas as favelas, como estão conseguindo os progressistas. Você não sabe como foi no passado, cheguei a acabar operação à luz de velas, meu caro, sabe lá o que é isso? Ponto sem dúvida positivo, embora ignorado pelos que usam a luz e pixam os que a promoveram, pois criar mesmo, outros que o façam. Telefone, Miró, quando eu operava em São José dos Campos e queria falar com São Paulo (78 km) a demora era tanta que eu protestava dizendo à telefonista: "neste caso vou a pé mesmo!". Hoje, você sabe, estes governantes corruptos fazem a gente falar disfarçadamente pelo telefone do vizinho até com a Europa ou qualquer país de "sua preferência"; é só discar uma série de números secretos e lá vem o trim-trim do outro telefone e a voz querida na linha sem fio. Mas é tido como banalidade obrigatória sem mérito, mas que todo mundo usufrui. Para mim é uma maravilha do nosso Brasil e devia ser para você também, pois não foram poucas as vezes que seu nome passou por esta misteriosa linha invisível para informar sobre suas travessuras! Ah, e o trabalho, Miró, foi um milagre, tanto trabalho para milhões que hoje já fazem automóveis, eletrodomésticos, tecidos, a casemira (esta, então, só era boa a inglesa, assim como certo sapato que só tinha no Mappin – o Zug), quando hoje tudo é tão bom que vai daqui para lá. Veja você, Miró, com tanta miséria e fome dos que seguem as leis antigas do "multiplicai-vos", vítimas da maldade dos progressistas, e aqui os "pobres" operários com a bênção do trabalho, é só greve contra os esforços de fazer este mundo menos injusto do que sempre foi. Não é "elementar" meu caro Miró, é triste e fúnebre, esta é a verdade! Você está dizendo que falo de barriga cheia como você que tem sempre sua ração a tempo e a hora? Nada disso, Miró, quem devia fazer greve e protestar eram os pobres, que sofrem, mas nada dizem porque, humildes, acreditam em Deus e em melhores tempos. Assim tem sido desde que o mundo é mundo. Hoje se procura tirar-lhes sua grande arma, a fé e a esperança, trocando-as pela tal conscientização. Tira-se-lhes o pouco que têm em troca do desespero inútil do nada. Mas não vamos repisar o que já ficou dito.

Se usássemos a lâmpada de Diógenes... Não interrompa! Diógenes foi um velho maluco do tempo da Grécia que gostava de ver a verdade, ainda que precisasse de uma lamparina. Ele não precisava dos holofotes de hoje que só mostram o que está na cabeça do holofote e não as coisas que ele ilumina. É que o facho de luz é curvo e, assim, caímos naquela estória da espingarda que era própria para caçar veado na curva. Acabou explodindo. Mas como ia dizendo, com a luz do equilíbrio e do bom-senso poder-se-ia ver muita coisa boa que se ignora, pois há tantos filtros que esta luz varia com diversas cores, até o escuro do filtro opaco. Você sabe que o preto absorve a luz e esquenta muito, daí que, como o calor acumula, há sempre a possibilidade de uma queimadura até grave e mortal. É pena que se ignore o velho sol que Deus nos deu há tanto tempo e que nós teimamos em substituir pela luz artificial dos falsos interesses. Dá nisto que se vê.

– Tenho uma pergunta na ponta da língua, Miró. Você sabe o que é rua?

– Rua, chefe, não é onde tem árvores e postes para os cachorros levantarem a perna ou fazer coisa mais sólida?

– Como vê, cada um toma o mundo segundo seus interesses e você, Miró, acaba de demonstrar este sectarismo primário que só vale para os cães que vivem em apartamentos. Além disso, nem sempre a rua tem árvores, embora os postes quase sempre existam. Mas a rua a que me refiro é a rua do homem. O dicionário diz que é via pública, o equivalente da trilha dos índios, coisa de antes do descobrimento do Brasil. Hoje, é coisa essencial na vida de um conglomerado humano chamado cidade e, quando enorme, na Megalópolis, sem controle possível. Pois é, você não conhece porque se viesse a saber o que era, teria vida extremamente curta. É onde se passa, se encontram desconhecidos (nesta São Paulo de poluição todos são desconhecidos, em contraposição ao velho São Paulo da garoa), se é assaltado, se perguntam informações para ficar na mesma, se pisa em cocô de cachorro – só no epicentro –, se espera ônibus, se acena para o táxi, se paquera quando se tem certeza de que a outra é mulher mesmo. Se você soubesse como até mulher é falsificada hoje, Miró, não acreditaria mais em mim. E olhe, pode ser falso de olhar e de apalpar, isto mesmo, apalpar! É, Miró, antes era fácil, quem tinha era homem e quem não tinha era mulher e tudo resolvido na palma da mão. Hoje não, o negócio já chegou a exame simples, de raio-X e logo logo vai ser preciso o computador. Computador? Miró, não explico agora, você não perde por esperar, pois este engenho moderno será tema de grande filosofia entre nós. Mas garanto desde já que vamos acabar sempre por baixo desta engenhoca do demônio. Mas como dizia, tudo isto acontece na calçada. Bem, explico: calçada é o que os "intalianos" chamam "marciapiede", grande descoberta, pois nós, mais econômicos, chamamos calçada, o que todo mundo sabe o que é, até o Aurelião. A rua tem uma calçada de cada lado, isto é, rua de gente, de verdade, não aquela de índio cuja lembrança remota está na periferia e em todas as ruas novas. É como as menininhas que não são de nada, verdadeiras incógnitas do futuro, depois as meninas-moças, desengonçadas, mas prometendo e, por fim, a moça. Você entendeu, tudo tem seu tempo para crescer e se modificar, se isto é verdade para as moças, que todos cobiçam depois de prontas, por que diabo as tais comunidades querem inverter a ordem natural das coisas? Talvez inverter não seria o termo mais puro, vamos mudar para alterar, assim satisfazemos a todos, como já se dizia antes de Cristo, a gregos e troianos. Mas vamos à marcha do nosso pensamento, que este tenho certeza que ninguém vai inverter. Temos, assim, ruas velhas (mas bonitas), ruas menos velhas (mais ou menos) e ruas feias, ou novinhas enfezadinhas, desengonçadas, parecendo até caminho de índio. Mas há um fato comum: tudo cheio de gente e na razão inversa da qualidade referida, das velhas para as últimas cada vez mais gente, sobretudo crianças. Este é um rápido perfil da rua de hoje. Algumas de suas particularidades discutiremos em conversas posteriores. *I promise*, que no cinema vira *eu prometo* que nós brasileiros não usamos, mas vai sendo enfiado na nossa cabeça pelos bons dubladores, assim como o *I am sorry* que virou "desculpe" cuspido a todo momento e a qualquer ameaça em nossas cultas novelas de TV. Mas esta é a parte banal da rua, as calçadas presentes ou não, onde anda gente e, naturalmente, cachorro. Mas o negócio duro é o que fica entre elas, o meio, que no tempo das carroças... Carroça, para os jovens que não sabem, era uma caixa em cima de um ou dois eixos que tinham uma roda em cada ponta – roda de carroça – com um ou dois paus compridos na frente chamados varais de burro, não os de dependurar roupa no quintal, que são varais de roupa. A carroça é puxada por quadrúpedes que tanto poderiam ser belos, ágeis e lustrosos, os cavalos (como os que pulam cerca no meio de "plumas e paetês"), ou só cavalo mesmo, ou então outros quadrúpedes chamados burros, animais inteligentes e que têm a vantagem (para eles) de não ter problemas com pressão demográfica. Em cima, sentado numa tábua, com rédeas e chicote na mão, ia um bípede chamado vulgarmente carroceiro. Quando se queria elogiar alguém pela boa educação era só chamá-lo de carroceiro. Deu para fazer uma idéia? Só expliquei assim porque você não vê TV nem vai a museu e também porque tenho um sobrinho, hoje um marmanjo, que, criança de asfalto, indo à minha chácara em São José dos Campos, ao ver uma galinha levou tamanho susto que, juro, teria ganho até corrida do Emerson. (Hoje as crianças de São José dos Campos também vão confundir galinha com carne de açougue, pois é lá que elas estão todas juntinhas, sem cabeça, peladas e fiéis à espera da panela.) Aliás, Miró, se você visse uma galinha no quintal, o susto seria o mesmo, só que haveria correria, voariam penas e você seria um matador triunfante. Mas ainda estamos na parte carroçável das ruas, coisa do homem civilizado, pois como iria ter isto no tempo dos índios se não existiam cavalos, nem burro e muito menos carroça? Mas aqui está o ponto perigoso dessa dissertação erudita e altamente educativa para os incautos. Em vez do "cave cane" (cuidado com o cão) dos romanos, digo eu em bom português "cuidado com a rua", pois aí está o maior matadouro do mundo, que se desenrola por quilômetros e quilômetros de perigos de morte. Mas isto é coisa para velhos, mulheres e crianças; generalizando, para pedestres. Novamente repito, Miró, nada de malícia, pedestre, entendeu, não é pederasta que é coisa sem perigo, salvo de um negócio chamado Aids já mencionado atrás. Mas também chamavam antigamente pedestres aos soldados a pé. Hoje, como você sabe, é de cavalo para cima, para cima mesmo, no céu, transporte, jatinho e este, no caso do negócio ser especial, o grandão, o DC-10. Sabe, é a evolução, hoje tudo é "pogresso", pois com ele se resolvem todos os "poblemas" e está acabado. Publique-se! Nestas vias carroçáveis, que se deviam chamar hoje automoçáveis, andam os mais variados bichos de quatro rodas, a ração passou de alfafa, milho e capim para a gasolina, álcool e gás (este escondidinho). Mas há ainda uma classe especial, os bichos de duas rodas que vão da inocente bicicleta, na cidade veículo de suicídio certo, aos tais automóveis de duas rodas, vulgo motocas, que custam mais e matam mais ainda, mas felizmente os próprios motoqueiros. Nas delícias da correria garbosos cretinos cavalgam este maravilhoso animal, tão veloz quanto perigoso. Os ginetes usam ou não capacete, dependendo de haver ou não cabeça para proteger. Você sabe, Miró, nós homens somos os tais, mas uma porradinha mais forte no crânio e esvazia-se o balão. É isso aí, Miró, que é hoje a rua, com seus habitantes pedestres e motorizados. Livre-se dela, meu caro cachorrinho!

– Que horror, patrão, então rua é tudo isto que eu vejo de longe quando você abre o portão para entrar com o carro? Puxa, ainda bem que posso ficar tranqüilo no quintal, comendo, latindo e dormindo à vontade.

– Por falar em dormir, Miró, você sabe por que a gente dorme? Sabe, aquele negócio que todo mundo faz de noite (uns poucos de dia) e que permite fechar os olhos, desligar totalmente do tal de pensamento e, assim, mergulhar gostoso no mundo da liberdade absoluta, sem escravidão nenhuma. Lá vem você interrompendo, seu abelhudo, você acha que escravidão é a escravidão e que este "nenhuma" é pretensão e pedantismo meu? Ah, caro cachorrinho, se eu contasse a você como é! Pois até escrevi um livro sobre o assunto e fui premiado com um gelo da mais baixa temperatura, de gelar qualquer outro que não eu. Foi para não me meter neste negócio de negro e branco, já escrito, decretado e sancionado (em vigor a partir da data de publicação). Depois eu conto, como dizia minha sogra, quando queria mudar de assunto, ou, como diz no anúncio uma personagem de Sucupira, "não seja curioso".

— Sucupira? Não seria suspira?

— Você já estranhou o *nenhuma* da escravidão e agora de novo me interrompe! Anda muito por fora, Miró, cuidado com suas perguntas, pois pode dar a impressão de ignorância, coisa que já não mais existe neste país de universitários e doutores. Sucupira é uma espécie de caricatura dos nossos tempos; o ditado latino diz: *in vino veritas* (vulgo: bêbado fala o que não deve mas pensa) e nesta excelente criação o teatrólogo conta sempre estórias de Sucupira, nas quais, como em todas as estórias (veja bem, não História, que é coisa importante), não há responsabilidade e nem cadeia. É o que fazemos aqui; quem vai ligar para o que nós conversamos? Você é apenas um cachorrinho; eu me penitencio por este "apenas", desculpe, Miró, mas faz parte do espírito filosófico (esta última palavra antigamente era algo misterioso, pois se escrevia *philosóphico* e ninguém sabia o que era) e eu, bem, eu sou só eu, sem nenhuma notoriedade, salvo para um tal de IR; em inglês (ah! Imitação brasileira!) se diz *Internal Revenue*. Isto garanto que todo mundo que ganha mais de 1 cruzeiro por mês sabe "com certeza". Vê você, Miró, com suas perguntas me desviam do assunto? Mas sou duro na queda e vou continuar de onde fui interrompido. Por que dormimos era a minha pergunta.

— Ora, dorme-se porque se dorme. Você não vê que quando fica escuro vou para o meu cesto e quando clareia eu acordo?

— Só isto? A coisa não é assim tão simples, como dizem os estudiosos que sabem que se dorme para refazer as energias gastas durante o dia. Vejo que você não concorda e logo quer saber por que dormem os que não fazem nada o dia inteiro. Bem, aqui é uma questão de opinião. Se você fizer um Ibope...

— O que é Ibope? Que palavra mais esquisita?

— Ora, Miró, é quando fazem umas perguntas para muita gente (mil pessoas para 124 milhões, é uma proporção razoável) e conforme o que respondem associado à conjuntura (esta eu não explico, vá ao "burro") do momento, concluem isto e aquilo no sacramentado nome do povo brasileiro. É verdade que nunca me perguntaram nada e você me diz que nem a você, o que é ótimo, pois nos exime de toda responsabilidade e nos permite este "pensar, meditar, cismar, matutar", ou "argumentar, discutir ou disputar com sutileza", vulgo Filosofar, definição que fica por conta do procuradíssimo Aurelião. Como ia dizendo, uma questão de opinião. Você lembrou com sabedoria que muita gente devia ficar acordada dia e noite, pois não há energia a refazer. É como me dizia um saudoso amigo de Recife apontando para um "senhor" vestido de linho branco 120 (marca de fábrica – inglesa – falecida diante de nosso progresso industrial) "Aquele fez bodas de ouro de nunca ter trabalhado". Acho que devia ser inimigo dele, pois o homem estava gordo e rosado e, pela definição, por não dormir, devia estar magro como os matutos que trabalham de sol a sol, dormem muito bem, mas estão magros, é só músculo sem banha nenhuma. Assim, a tal de recuperação de energia acho

que é teoria furada. Então por que se dorme? Será que é para ficar livre de toda esta chateação do dia a dia, pensar no pão, no trânsito, na inflação, na dívida externa, na opinião da CNBB, nas exigências do FMI, nos apelos "compulsórios" do governo e no diabo a quatro? Bem, aqui pode bem ser.
— Mas...
— Mas o que, Miró?
— E quem não tem nada disso para se preocupar, por que dorme?
— Ora, seu malandro, você está querendo me botar em fria. Não se lembra que a primeira coisa que mencionei foi pão? Pão, além de pão mesmo, simboliza comida. Pois o nordestino (o legítimo que nasce e morre lá mesmo, não os que vêm cantar e ficam milionários no Rio) come feijão com farinha, que é o pão deles, o que tem uma vantagem. A oportunidade de variar a dieta para farinha e feijão, depois feijão só, depois farinha e água e por último só água. Nada mau, você não acha? Mas assim mesmo, quando o negócio caminha em direção à água, se fosse verdade esta segunda teoria, a da preocupação como causa do sono, dormiriam para se isolar de todas estas delícias da vida de hoje. Mas isto também não me satisfaz: os índios, sabe, eram 3,5 milhões, isto mesmo, três milhões e meio antes do descobrimento pelo nosso Cabral (nada de malícia, Miró, não é o cabral do 1.000 cruzeiros antigos, a tal abobrinha, aquela faleceu de inflação e foi reduzida a um centavo, que também morreu; o negócio é epidêmico); pois eles, os índios, também dormiam a sono solto, o que anula tudo o que se

disse até agora, com grave prejuízo do gasto de papel (felizmente produto nacional à custa da destruição da mata e da poluição tipo ventilador).

Olha, Miró, interrupções do discurso fazem parte da filosoficação, como diria hoje um universitário aplicado. Sem perguntas, interrupções inoportunas e respostas prolongadas não se poderia filosofar, pois aí é que entra a mencionada "subtileza".

– O que é subtileza? Seria demais perguntar?

– Fui procurar no dicionário subtileza, e me mandaram ver sutileza – tiraram o *b* de burro – e quer dizer: penetração de espírito, talento. Oba! Está para nós, Miró. Assim, estamos na trilha certa, trilha dos índios naturalmente, porque eles, sem nada dessa complicação, dormiam como você, Miró, do escuro ao claro do dia. Agora pergunto eu: por quê? Nova "sutileza": seria por causa do gostosinho que todo mundo faz de noite? Todo mundo não, só os quadrados, porque os redondos fazem de dia e de noite. Também não cola, há exceções demasiadas e, assim, fica provado que os "excepcionais" acima citados dormem profundamente à noite. Aqui a coisa se embrica com a tal de reposição de energia. Bem, se índio dorme e vocês cachorros também, o que mais posso pensar? Ora, Miró, como fui esquecer o mais lógico e simples? É claro, dormir é coisa da Mãe Natureza, do Cosmos! Só pode ser isto mesmo, coisa superior às contingências da vida animal.

– O Cosmos, mestre? Não será o clube de futebol norte-americano, aquele que pega o melhor, paga muito bem e depois de usar manda embora?

– Não, Miró, não é nada com o clube Cosmos, que nada tem que ver com o sono do qual falamos. Cosmos é o mesmo que Universo. Sabe o que é Universo? É a pergunta mais antiga do mundo e a resposta concreta apareceu mesmo com nossa era espacial que veio atrapalhar a vida de muita gente bem intencionada, como já vimos. Pois bem, nós vivemos no sistema solar, isto é, peruamos todos ao redor do sol, o tal negócio do Galileu (peruar é português castiço, não tem no dicionário, mas eu sei que quer dizer girar). Pois bem, este sistema solar que se pensava ser o centro do mundo, sabe, Miró, os homens descobrem tudo, não passa de um ínfimo sistema entre milhares ou milhões de outros até bem maiores que andam pelo mundo afora, coisa que você poderia ver se fosse possível uma entrada no tal "buraco negro" do Universo. Se tanto você como eu conhecêssemos astronomia de livro iríamos saber que por causa do movimento das tais bolinhas que giram em torno do sol, da qual a terra é das menores, acontece uma porção de coisas que a gente pensa que sabe, mas não sabe. É um tal de girar e rodar e rebolar que deu no negócio da terra girar não só em torno do sol, em 4 estações distintas para descansar, como, além desse trabalhão, girar em torno de si mesma, uma volta em cada 24 horas. No nosso pequeno sistema, este giro diário da terra tem 12 horas com a luz e 12 horas sem luz, no escuro. Assim temos, desde que o mundo foi inventado pelo Criador, o dia e a noite. E daí? Pergunta você. Daí que, como nosso ancestral macaco já começou a viver com dia e noite, não tendo luz, ficando no escuro, foi se acomodando e acabou no sono, dormiu e desde então dormimos de noite e tudo que conversamos tão longamente deu em nada, só mesmo filosofia. Complicamos tudo, foi um blá-blá-blá à toa, é tudo apenas herança, Miró, costume, hábito e obediência à Mãe Natureza. O resto é conversa fiada!

Bem, Miró, continuando nossa conversa, logo salta à luz do pensamento a idéia de jardim. Depois das ruas com seus perigos inevitáveis para quem não pode ficar preso em casa, e ninguém pode, salvo os hóspedes forçados das grandes casas com grades em forma de xadrez, o jardim é indispensável, sobretudo para aliviar a crueza das ruas. É o verde esperançoso que cria a fé em algum futuro. Sabe, eu sou formado em jardim. Nasci no Jardim da Luz, onde meu pai era administrador. Pois olhe, Miró, pouca gente sabe que este grande jardim tem quase 200 anos e foi o segundo do Brasil, criado no fim do século XVIII. Olha esta cara de dúvida, Miró, um jardim no meio de um país que era só mato? Pois bem, foi chamado primeiro Jardim Botânico, sendo hoje "da Luz" por causa de Nossa Senhora da Luz, a padroeira da Igreja do Convento ainda hoje existente perto dele ali na Avenida Tiradentes, que se chamou Avenida da Luz. Não tem nada com a Estação da Luz, nada com o farol dos trens. A luz vem mesmo de cima, da Mãe de Cristo, que ali perto zela pelos aflitos paulistas de nossos dias.

O jardim é a alegria dos olhos e qualquer cidade, por pequena que seja, tem sua igreja e seu jardim. Nesta questão de jardim também há de tudo, como vocês cães, do vira-lata ao garboso com *pedigree*.

– Espera, mestre, você falou em pede o quê?

Filosofando com o "Miró"

— *Pedigree* não pede nada, Miró, é palavra inglesa adotada no mundo inteiro e quer dizer linhagem, árvore genealógica. Mas não vá perguntar a um quatrocentão qual é o *pedigree* dele que você pode levar um delicado pontapé de indignação. É só usado para a árvore genealógica dos animais de pêlo total. Minha mulher prova pela sua árvore genealógica que vem desde o Piquerobi, um índio, imagine! Mas eu, Miró, tenho um *pedigree* mais antigo, dizem, dizem só, que meu sobrenome era o apelido germânico de Átila, o rei dos Hunos, coisa bem mais importante do que o índio. E daí? Boa exclamação, Miró, parabéns. Tudo isto é baboseira, pois o que importa quem era quem? Há tanto vira-lata de qualidade e tanto quatrocentão sem caráter. Como vê, pura questão de preconceito social inútil.

O Jardim da Luz no São Paulo do tempo de minha mocidade era terreno sagrado, freqüência das melhores, crianças com suas governantas alemãs, e até automóveis, os primeiros de São Paulo, que passavam vagarosos pela sua rua circular. Era fechado, e só abria de dia. Respeito ao verde, não se podia pisar na grama; tirar flores era pecado mortal, o guarda prendia e passava um sabão. Até multa havia. Beijos e abraços então era cana garantida. Moral e respeito é o que se decretava. E veja bem, era democracia, honestidade sem fascismo e outros ismos de moda hoje. "Ah! Ah! Ah!" não, Miró, falo sério, pois o mesmo funcionava para todos os nossos jardins, e o vandalismo democrático de hoje não existia. Aos poucos foi tudo mudando. Chegaram os quartéis, os soldados, os recrutas e com eles as prostitutas. Prostitutas? É, Miró, o que se chamava antigamente barregã, mulher dama, isto é, mulher de todos e de nenhum. Assim, o Jardim da Luz foi-se modernizando, suportando a tal civilização, e São Paulo foi mudando e se mudando. Tinha bichos de todos os tipos, grades fundidas na Fundição Ipanema, perto de Sorocaba. Depois tiraram as grades, saíram os bichos, voltaram as grades, desapareceram as prostitutas, veio o povo da vizinhança com as crianças e cachorros e hoje, de permeio, ladrões e assaltantes.

O verde é o que humaniza uma cidade. Meu pai, e depois meu irmão, já plantaram muito mais do que resta hoje. Felizmente o pouco que existe é o paraíso, e também o sanitário dos cachorros; vocês têm sorte, ainda há o verde onde podem exonerar com liberdade, sem exibicionismo, e com a tranqüilidade dos justos, e sempre pode acontecer um tira-linha com alguma cachorrinha anônima! Jardim e verde, e terra, era São Paulo de verdade, e não esta placa de cimento e asfalto com os cupins dos arranha-céus. É o humano e o desumano neste contraste doloroso que nos assola. Pagamos caro, Miró, tantas facilidades dos tempos modernos, porque tudo tem preço, sobretudo todo este modernismo útil que carrega em seus intestinos as fezes da civilização.

Falando em fezes, que, salvo o deselegante cheiro, nada mais são do que o resíduo do que a gente come; os alimentos que ingerimos com delícia e de que na sua maravilhosa passagem pela "linha de montagem" dos nossos intestinos, o organismo tira o que precisa e despreza o que é supérfluo. Dizem que foi Henry Ford que inventou a linha de montagem; ledo engano, Miró, foi Deus e há milhões de anos, e tudo o que Ele pacientemente fez é perfeito e inimitável. O cheiro é parte do mecanismo divino do aproveitamento dos alimentos e conseqüente manutenção da vida. Assim, quando o homem irado diz "merda", não raciocina, fala pelo aspecto e pelo cheiro, mas se analisasse a sua origem e formação falaria com respeito desse resto, desse resíduo, do que foi comido e que leva à famosa pergunta: o homem come para viver ou vive para comer? Veja, Miró, você tem sua ração canina balanceada.

– O que é balanceada?

– É o que vou dizendo. Por incrível que pareça, também vocês, cães, têm o alimento certo para seu bem-estar: não é cadeira de balanço ou balança de parque de diversão; é balanço de equilíbrio, de tudo que você precisa para viver: proteínas, carboidratos, vitaminas e microelementos, como ferro, cobre etc. Aqui não entra a gula do homem, o egoísmo e a ganância, como o famoso comilão que dizia, no restaurante, que comia tudo porque estava pago, não porque precisasse para viver. Naturalmente pagava um adicional à noite, com a indigestão, a vingança do organismo, mas tinha satisfeito a gula, que está na sábia lista dos pecados mortais.

– Diga mestre, pobre exonera muito?

– Sim e não: a fome, da qual tanto falam e abusam, sobretudo os progressistas dos D. H. (que comem muito bem, do bom e do melhor, pois defendem os seus próprios D. H.), quando real e não do bojo dos jornais, a fome com carteira de identidade, sofre tentativas de ser saciada e o mais comum é que seja enganada. Come-se muito, enche-se o estômago, pensa-se que se está satisfeito, mas não se consegue enganar o organismo, a tal linha de montagem da vida, no intestino. Isto se vê bem no cinema, quando os "famintos" comem raízes, nas histórias e romances, quando enchem o estômago até com a famosa sola de sapato, o que não impede que seja também verdadeira hoje em todo mundo por causa da doença universal, a procriação indiscriminada. Mas o intestino tira o que precisa, e como do que realmente necessita tem muito pouco no que comeu, o resto, que é muito, vai tudo para o lixo e assim defeca-se muito. Não entendeu ainda? É porque você, Miró, é animal carnívoro e por isso não come feijão com farinha ou com arroz, só carne, quase não precisa de intestino, que é curto, ao passo que o nosso é muito comprido por causa disso mesmo. Assim seu cocô é pouco, quase simbólico. Agora o que faz greve de fome tem resíduo mínimo. Esta experiência levou os astronautas a comerem algo especial para que não poluíssem o Espaço, tudo na base de dar ao organismo o que ele realmente quer e não um monte de coisas gostosas que se comem pelo prazer de comer e não para viver. Qual a conclusão? Perguntaria você. O homem, Miró, podendo, vive para comer, só se não puder é que se resigna a comer para viver, mas, neste caso, xingando e dizendo que passa fome. Pergunta se há exceções? Caro Miró, sempre há, e uma das principais é a vaidade, o desejo de ser bonita(o), manter o corpo esbelto e desejável, no fundo da coisa o sexo funcionando sutilmente. Assim chega-se até à morte no afã de ser bela e cobiçada. Mas não é problema seu, é coisa do homem, o rei da criação.

– Mas desviei da conversa que pretendia ter com você, as prostitutas, que em certa época abundavam (não tem nada que ver com bunda). Prostituta sabemos o que é, repito que são as que dão tudo a todos (os que pagam) não sendo de ninguém. Dizem até, como frase feita, que é a "profissão mais velha do mundo". A profissão pode ser a mais velha mas o meu "por quê?" é atual. Que acha, Miró, desta pergunta?

— Isto, caro mestre, não é coisa de cachorro, nós não temos preocupações morais, o sexo é para nós, irracionais, coisa de Deus, para procriar e garantir a perpetuação da espécie, nada mais que isto. Vocês homens é que fizeram esta embrulhada que os está hoje enterrando, complicaram tudo e agora que se arrumem.

— É, Miró, e dizer que cachorro é irracional, não raciocina, portanto não tem inteligência. Quanta sabedoria nesta tua resposta! Isto me faz vacilar, não sei se condeno ou não a prostituta. São elas o resíduo da moral dos homens, produto da miséria, da sociedade corrompida, da ambição, da vaidade feminina, da felonia do homem, do desvio do caráter, da delinqüência feminina ou apenas do império do instinto sexual no ápice de sua procura de satisfação? Quantas idéias e quantas respostas possíveis e nenhuma satisfatória! Você me diz que é pena, Miró, mas isto já se faz desde o tempo de Dante e não há uma só resposta, e quem sou eu para decifrar o enigma?

— Tente, seu *Homo sapiens*, já que estamos filosofando.

— Veja, Miró, geralmente não há prostitutas feias, pelo menos à noite, à pouca luz, são até apetitosas. Velha mesmo (velha no ramo é acima de 30 anos, que injustiça!) só em último caso. São jovens, ou adolescentes, ou lolitas, as mais procuradas. São as profissionais do amor, hoje classe respeitada e, para dizer a verdade, classe indistinta das outras mulheres. Mal comparando é como padre que antigamente você distinguia a léguas pelo aspecto, pela fala e pelo comportamento aparente. Hoje está tudo misturado e, como disse, na prostituta é preciso apalpar para saber o sexo (e olhe lá!), ao passo que no outro caso só perguntando mesmo e também acreditar, pois neste mundo falsifica-se tudo.

– Não tapeie com conversa fiada, diga logo o porquê prometido!

– Miró, não sou adivinho, posso apenas sugerir idéias para você ruminar. Se fome levasse à prostituição, como generalizam os progressistas, meio Brasil estaria na "profissão" que, aqui entre nós, está em franca crise, como tudo o mais neste mundo. Num parêntesis oportuno arrisco dizer que a única classe em franco progresso atualmente é a sua, Miró, pois cachorro de caráter faz barulho quando vê estranhos, e os "elementos" do mundo do crime o que mais temem não é a polícia, é o barulho. Mas vamos ao nosso caso. Li outro dia um telegrama de Paris no qual se noticiava uma reunião das profissionais do amor para tratar da crise no "sector". Sempre as reuniões que não adiantam nada, pois se valessem o Brasil seria outro, um conglomerado de brasileiros que comeriam muito exonerando pouco. Acho que carregamos dentro de nós, homens (homem gênero *Homo sapiens* composto de machos e fêmeas, isto é, homem e mulher), um *drive*, isto é, uma força interior que nos leva a atuar na vida. Se você lesse jornais (feliz você que é analfabeto) veria os anúncios de casas de massagem.

— Massagem? Então massagem é coisa de sexo?

— É só você ler nos anúncios de "negócios e oportunidades" dos jornais, e até com preço fixo! O que há de massagem hoje dava para uma vasta tese de doutoramento. Acho que nestas casas se faz de tudo (TUDO como dizem as moralistas invejosas). Sabe, mulheres, jovens "estudantes", rapazes e sobretudo das mais variadas nacionalidades (dizem que as japonesas têm de atravessado).

É isto aí, é o moderno, Miró. No meu tempo de adolescente eu ia ao cinema República (hoje é um estacionamento de automóveis), na praça da República que no passado imperial se chamava Largo do Curro. Lá ia a fina flor de São Paulo. No caminho de ida e volta de onde morava no Jardim da Luz, eu passava pelo mercado do amor. Que diferença, Miró, eram "lindas" francesas, profissionais, honestas, que proclamavam pelas venezianas (com grande espaço entre as tabuinhas, via-se tudo) suas habilidades e diziam *viens cheri; viens, cheri* e depois que você caía na asneira de entrar e estava trabalhando vinha o *très vite, vite cheri* que posso traduzir, acabe logo, pague e caia fora que logo vem outro freguês. Você não acha isto de uma crueza horrível, já que o animal não faz isso? Ah, mas eram francesas legítimas! (as más línguas diziam que eram polacas) mas o caso é que falavam francês castiço, uma gracinha, e os apelos tão comoventes *viens cheri, viens cheri*, uma tristeza para quem passava e ia sozinho para a cama. Como vê, Miró, na essência nada mudou desde o tempo de Nabucodonosor.

— Nabucodonosor? Que nome mais esquisito!

– Olha, Miró, é só um exemplo que me ocorreu, foi o rei mais antigo de que tive notícia e deve ter tido muitos milhares de outros antes dele. Quero apenas dizer que a prostituta tornou-se a especialista do amor (amor carnal, não o imaginativo de Romeu e Julieta). Enquanto o homem cheio de complexos, tabus e outros trecos não funcionava bem em casa, na rua da liberdade sexual (e nas casas) saía-se às mil maravilhas, aliviado de tudo, até do bolso. O quê? Por que uma profissão assim tão importante está em crise? Concorrência, meu caro Miró, já te falei dos gays que se fazem de mulher (ou já são) e que nós brasileiros cultos chamamos de "travesti" (francês), flora que só existe no lixo das megalópoles. No Brasil autêntico, no interior, não existem mais pássaros raros e os "travesti" seriam confundidos e imediatamente "abatidos a tiros". Mas a verdadeira inimiga das prostitutas é a sociedade moderna, os tais direitos da mulher, vulgo feminismo, onde os homens são os "porcos chauvinistas" (entendo porco, mas chauvinista não sei o que é, deve ser outra língua). Assim, todo o programa pode ser mesmo feito em casa onde há "um máximo de facilidades e um mínimo de dificuldades"! e o que é da maior importância, nestes tempos bicudos, mais barato. Já não se usa, ou melhor, usa-se com o geral desprezo o método "papai-mamãe", que está superado, como dizem os jovens. É isto que você pensa e pratica, Miró, de acordo com a lei da Natureza, o resto é coisa mesmo do lado de cá. Agora, como diz o macaco da TV, "o que eu só queria era mesmo entender" é por que a mulher é livre e o homem é porco chovenãoseioque se só se vê mulher pelada, vestida com um barbante simbólico, em cima, de lado a lado, e outro em baixo, de frente para trás ou vice-versa, um puro mercado para quem pode. E ainda se diz que tudo isto é liberdade e democracia! Palavra, Miró, que sou mesmo o macaco dizendo "só queria entender", pois entender mesmo não entendo. Concluo que salvo o computador moderno, em termos de amor carnal, Nabucodonosor já era velho em seu tempo!

— Não se pode falar em prostituição sem falar em sexo. Você sabe, Miró, o que é sexo?

— Sei lá, patrão, só sei que de vez em quando a Tatá fica de um jeito que me faz nervoso, frenético, e que me obriga a pensar numa coisa só, ver tudo só lá, não comer, só beber, correr atrás o tempo todo e, para dizer a verdade, nem ligo para seus agrados nem pro pão, tão gostoso, que você me dá.

— Caro Miró, você é realmente bom na descrição. Não é um impulso como aquele de dar flores para a gostosona do anúncio de sabonete?

— É mais ou menos isso, só que vocês homens camuflam tudo, a moça é vestida e as flores escondem coisa bem diferente do que aparentam.

— Digamos que seja uma força insuperável que foge do controle do pensamento, da lógica, enfim, da censura que já te expliquei o que é.

— Acho que é isso mesmo, coisa de quem me criou e de onde eu vim, da profundidade dos tempos.

— Já sei, Miró, isto chama-se instinto. É dele que vivemos e sobrevivemos, é a nossa própria razão de ser, como animais que somos, e foi criado pessoalmente pela Mãe Natureza. Aqui se fala do instinto sexual que comanda a perpetuação da espécie seja ela qual for, o que inclui você e eu. Para mim, a natureza, não confiando muito na sua criação – falo de mim, Miró, de você só você sabe – acrescentou um delicioso porenzinho, a pitada de sal, o molho inglês de toda trabalheira e esforço do ato, o famoso e nunca demais repetido gostosinho. Ele foi e vai sendo a razão de ser de todos nós, só que do nosso lado como é mesmo coisa extra, faz bufar, uivar (as portuguesas dizem ái) e trepidar, tão bem que criou aquilo que Freud chama de "princípio da repetição compulsiva" e de que nós, para satisfazer as idéias do grande descobridor do inconsciente, usamos e abusamos na base do quanto mais melhor. É como diziam os adolescentes "dei três sem tirar", ou como dizia a esperta negra para o velho e solitário coronel que, em cima, esgravatava sem sucesso: "patrão, o senhor já deu três! – Não diga, nhá Chica, então vamo pará!"

Sabe, são as artimanhas dessa aventura instintiva tão gostosa. Mas Miró, há um negócio que até hoje não entendi. A sua viração com Tatá é quando ela dá o sinal verde, que por sinal é vermelho, pois não usa o tal "sempre livre desodorante". Acho que é o cheirinho secreto que te alucina. Isto acontece com 3 a 6 meses de intervalo. No meio-tempo vocês vivem na santa paz da Natureza. Mas cá do nosso lado esta conversa é mensal, e nesse tempo é interdita a relação sexual. No intervalo, porém, é tiro e queda. O que me inquisila é que com você o sangue atrai, entre nós ele repele. Com você é de longe em longe, conosco é na base da lua. Será que o Criador não acreditou na bondade do homem e, por isso, o castigou com esta fatalidade preferencial? Ou foi só para que ele gozasse mais o gostosinho? Sei lá, Miró, o caso é que deu no abuso atual e nesta procriação suicida que vai levando de roldão a humanidade na direção certeira de um caos.

Esta é a grande diferença entre nós. Agora, saber porque, é coisa da Natureza e nisto não me meto pois, diante Dela, sou apenas a milionésima parte de um grão de areia.

Mas agora quero contar a você, cachorro amigo, as artimanhas que fizeram para prolongar e o mais possível o uso do gostosinho. Ignora-se por completo a Natureza e faz-se dele o objeto, a finalidade da própria vida. Em vez de unir para procriar e também aproveitar no decurso da vida, vive-se exclusivamente pelo gostosinho desprezando a vida com toda sua plenitude e majestade, e o privilégio de usufruí-la, não como animais, mas como seres humanos que se deveriam diferenciar dos seus irmãos irracionais. Estes, pelo visto, são muito superiores a nós, homens. Sabe, Miró, é minha impressão que hoje o homem, a pretexto das palavras liberdade e democracia, está regredindo para a animalidade de sua origem. Em vez de valorizar os fatores culturais que lhe deram o domínio da criação, estamos potencializando nossas qualidades animais, nesta busca alucinada do sexo. Em vez de se conviver com o inevitável e gostoso sexo, vive-se hoje exclusivamente para ele, sejam quais forem suas formas, a normalidade ou as deturpações que acarretam seu abuso. Até os gays têm as bênçãos de certos bispos norte-americanos, talvez até carteira profissional e preferência no trânsito social. O que é isso?... diria o coroa; é isso mesmo. Será que nascemos só para trepar em todas as mulheres possíveis e elas para serem trepadas por todos os homens possíveis (trepar é gíria, quer dizer, no português... castiço – copular). Estamos assim na base do adolescente fantasioso ou do velho gagá sem usufruir o que há de nobre e positivo na espécie humana. Se for esta a evolução correta, é melhor ser logo macaco que, pelo menos, não tem preocupações com o imposto de renda, vulgo leão que só ruge contra os honestos, os trouxas desta sociedade burguesa. A conseqüência deste erotismo absoluto é que a cultura, o saber, os atributos intelectuais e o estudo de qualquer espécie, são produtos das horas vagas entre os gostosinhos, que dominam a preocupação humana volte-se o homem para onde quiser. A conseqüência, Miró, pois paga-se por tudo, é ficar o povo, a sociedade humana, na mão dos exploradores, da literatura pornográfica, da visão do nu "artístico" e de tudo que se pode vender para alimentar e promover esta fraqueza do homem. Já se consagrou como justificativa que "a carne é fraca", o slogan que justifica todas as sacanagens e que deixa o ser humano autêntico à mercê dos ativistas de todos os naipes. Se você me convencer que isto não vai acabar numa guerrinha atômica, caro Miró, dou-lhe um doce. Sua sorte, e a minha, é que até lá nem você nem eu estaremos aqui para saber quem ganhou a aposta.

    Sabe, Miró, fui ao barbeiro cortar cabelo, se dissesse que fui ao cabeleireiro você certamente levantaria as orelhas desconfiado como que dizendo, "mas ele não é disso, tenho certeza!" Sossega, Miró, é uma expressão automática de velho uso na sociedade humana. Mas o caso é que indo ao barbeiro cortar cabelo, quem cortou foi uma jovem e simpática morena que logo de início, para afastar dúvidas, perguntou pela saúde de minha mulher. Portanto, coisa legítima. Sabe, dos velhos tempos vem esta besteira, que mulher que trabalha entre homens é de todos. Pode ter sido, mas hoje a coisa mudou, pois vivemos misturados, sabe que a mulher trabalha em todos os campos de atividade; logo, é tida como colega e acabou-se a malícia. Tanto pode dar como não dar, esteja onde estiver; é a liberdade de opção, algo de positivo e "alegrativo" para todos os interessados. Mas o que queria discutir com você é sobre cabelos, que, afinal, são os pêlos dos homens. Não sei como nem por que, mas o caso é que do macaco peludo, ficamos com pêlos em certos lugares apenas, presentes ou ausentes conforme os indivíduos. Veja o cabelo, o danado cresce sem parar e dizem que até depois da morte. Daí, ou não se corta e ele chega até o chão, como se via nas mulheres, ou é o tal de ir ao barbeiro. Por outro lado, há alguns privilegiados cujos cabelos vão e vêm, até ficarem carecas como bola de bilhar, lustrosos. Estes, despeitados e sabidos, inventaram a balela de que "é dos carecas que elas gostam mais". Fazem de tudo estes da cabeça limpa, vão bajulando fio a fio de cabelo, agradam, acariciam, conservam, e choram quando caem. Quando não há mais remédio, e havendo dinheiro, fazem enxerto de cabelo, o que deve ser coisa de danar e, por fim, se não deu certo, adotam a peruca que tem a grande vantagem de não precisar cortar, pode mudar de cor como camisa, além de colocá-la à noite numa fôrma própria, como se fazia antigamente com a dentadura num copo com água para evitar o perigo de engoli-la dormindo. Você não acha injustiça este negócio de carequice? Veja, Miró, você coberto de pêlo, sempre igual, ralinho, bonito, sem necessidade de corte ou peruca. É uma grande vantagem. O homem é o único animal de pouco pêlo, ainda assim concentrado em certos lugares. Você vai dizer que há sempre no púbis, envolvendo ou disfarçando os genitais. Curioso, não? Pode ser preto, moreno ou louro como os cabelos, embranquece também, mas não cresce, fica pixaim pelo tempo afora até cair e renascer. Não é um troço esquisito? Na axila, vulgo sovaco, é a mesma coisa. Há também os peludos mesmo, barba espessa, pêlo no tórax e negaceando mais ou menos até o púbis. Nestes, até nas costas. Aqui o macaco reaparece de rijo, felizmente só neste aspecto, porque no resto é homem mesmo. Mas as mulheres não compartilham dessa distribuição pilosa. Se têm barba, são doentes, é o hirsutismo, geralmente acabam no circo ou se esgotam de tanto usar a "prestobarba". Elas normalmente não têm barba, nem pêlos pelo corpo. Só cabelo, axila e partes pudendas; não ficam carecas. Como pode ser isso, se a macaca é tão peluda como o macho?

– E por que o índio é inteiramente glabro, sem pêlo nenhum?

– Se o Juruna for índio de verdade, pelado seria pelado mesmo, sem pêlo nenhum. Sabe, Miró, a resposta a Deus pertence, mas dessa dialética pode-se tirar uma conclusão básica: que sejamos mais humildes e menos pretensiosos. O mundo é antiquíssimo, tudo que se vê é fruto de milhões de anos de evolução, e quem somos nós para querer sequer adivinhar o passado de verdade, aquele dos milhões de anos? Lá está o segredo de tudo isto que redundou na bela morena que hoje cortou meus cabelos que já eram melenas dignas da sua tesoura.

— Me diga uma coisa, Miró, por que você faz tanto barulho quando entra alguém de cor preta? Já notei nos outros mirós que te antecederam esta ojeriza pelo negro. Sabe-se que cachorro não tem visão de cores, mas no preto e branco da fotografia logo se vê quem é preto e quem é branco.

— Mas, mas, huuum...

— Sossega cachorrinho ladino que não vou me meter neste assunto explosivo de rivalidade ou conflito racial, para isto estão a postos os ativistas de várias procedências, mesmo porque hoje já se fala num "Brasil-moreno". Nada a temer por mim, pois já te disse que escrevi um livro falando da escravidão negra e branca. O caso é que "só queria entender" e agora está na hora de arejar esta interrogação. Tenho pensado muito nisto, pois você sabe que não sou racista e, assim, não poderia haver transmissão de pensamento entre nós. Para se resolver o assunto seria dar um pulo até a África negra e verificar se os cachorros de lá estranham os brancos como você faz com os pretos. Assim, caso positivo, estaria solucionada a incógnita, seria o puro condicionamento apenas. Mas a África está lá e nós aqui, o remédio é mesmo filosofar. Pode ser o cheiro de gente que vocês animais têm grande sensibilidade para detectar e que todos nós temos (o delicioso *odor di femina*, por exemplo), mas que certos pretos exalam com excesso. Agora me lembro que antigamente esta reação canina era mais acentuada, pois hoje a aceitação é maior e muito rápida, pois temos ótimas "auxiliares domésticas" pretas e logo você e Tatá se acostumam e fazem amizade. É verdade que também no Brasil o tal bodum dos escravos africanos desapareceu, creio eu pela generalização do uso dos desodorantes (felizmente, se o *odor di femina* se foi, progrediu a deliciosa visão do *nu di femina*). Talvez aí o sossego e a cordialidade homo-canina de qualquer cor que hoje se nota.

– Mas, mestre, algo me intriga. Por que há negros, brancos, amarelos e vermelhos neste mundo pletórico? Que diabo, se todos vieram do macaco, por que esta diferença de cor tão nítida?

– Aí, justamente, caro Miró, pega o carro da pretensão de sabedoria de nós, homens; por que não respondem a esta perguntinha tão colorida? Já sei, é porque na África o sol torra tudo e todos e na Europa o tal aparece poucas vezes e cozinha a pele branca dos que se arriscam, na pressa do sol sumir logo, e se expõem aos seus raios tão aconchegantes. Assim, branco nas zonas frias e negro nas quentes. E por acaso nosso índio da mesma zona quente é negro retinto como o africano?, não, você já viu o Juruna e seus comandados na TV. Cristo era louro (assim o conceberam os artistas) embora os árabes sejam escurinhos. Os indianos também são escuros. Pode ser e pode não ser a questão do sol. Parece que o *Homo* originou-se na África, é o que dizem as últimas notícias da ciência do homem, a tal de antropologia. Ora, se o macaco é preto e peludo, mesmo os pêlos caindo pela influência invasiva da inteligência que lhe deve ter ocupado o lugar (a tal sensibilidade à flor da pele) ficou o preto. A resposta a este colorido universal é que o homem é tão velho, tão velho, que depois de tantos milhões de anos perdeu-se a fórmula mágica da resposta certa, sobraram os palpites e, como nem eu nem você somos palpiteiros, vamos parar com este papo furado.

– Diga, chefe, há o que falar sobre a África?

– É realmente sobre a escravidão negra, a legítima africana que quero falar, que deu neste polêmico "Brasil-moreno", para a delícia dos meus olhos, delícia sensual de milhões e felicidade geral da Nação. Assim o Brasil se livra do conflito racial que estão fazendo força para criar em prejuízo de todos, mas para vantagem de alguns poucos pretos e brancos, cada um com sua cor e seu pensamento em si mesmo. A pergunta que te faço, Miró, é esta, direta: há ainda escravidão no Brasil nos dias que passam?

– Claro que não, patrão, você já esqueceu do 1888?

– De fato, Miró, naquele ano libertavam-se os últimos escravos negros que ainda não tinham fugido e estava tudo acabado, viva a liberdade. Bem, acabou de fato a escravidão dos que trabalhavam de graça com um olho vivo no chicote. Tudo bem. Mas o que não acabou foi o trabalho, que existe desde que inventaram o mundo. Sem mão-de-obra nada se constrói, até comer e trepar dá trabalho, misturado com as delícias do ato de matar as fomes. Alguém tinha que trabalhar; você entende, Miró? Ora, aí é que as coisas começam a complicar.

– Então quem vai fazer o serviço, já que não se pode evitar de fazer força?

– Começa aqui o embananamento da sociedade moderna. É você? Não; é fulano? Também não; então é sicrano ou beltrano e como ninguém quer pegar no pesado e não se pode agarrar como no tempo das caçadas africanas e não se pode usar o chicote como na escravidão, fica a dúvida. Mas o caso é que continuam a existir as três classes principais: os que trabalham com mãos e pés, os que trabalham com a cabeça (hoje querem acabar com esta classe, justamente os que fazem a mesma coisa, só que do outro lado) e os que definitivamente não trabalham de jeito nenhum. Nesta classe distinta incluem-se os sabidos (aqueles das "bodas de ouro"), os que já trabalharam muito e agora gozam os frutos de sua árvore trabalhosa (geralmente os tais da cabeça, pois pés e mãos não deixam sobra) e finalmente os políticos que só berram para que outros trabalhem e eles ganhem. Esta é a visão aceita pela sociedade, vulgo regime vigente. Há a classe paralela dos "elementos", é um tipo diferente de trabalho, mas sempre trabalho com ótima remuneração, só que junto com jóias, dinheiro, ouro em barra e malotes cheios. De quando em vez vêm balas assassinas dos "execrados" bandidos fardados, os policiais, os Mirós do povo pacífico, que pelo seu trabalho ignorado mas teimoso e persistente ganham muito pouco, ao passo que os de cima mesmo ganham muitíssimo.

Bem, isto são generalidades, Miró, porque se formos particularizar vai saltar aos olhos a escravidão dos tempos modernos. Mas é sem a menor dúvida escravidão, com o chicote escondido atrás de "medidas" acauteladoras dos interesses de todo o mundo. Há vários tipos de escravidão, segundo o ponto de vista de cada um. Se o negro já naquele tempo não gostava, apesar dos avisos de que cuidasse da pele, hoje ninguém gosta, nem aceita o que tem. Assim, voltando ao ponto de vista do operário, ele é um escravo, o que é proclamado nas altas vozes da liberdade por todos os ex-operários, vulgo ex-escravos, que hoje são porta-vozes, quer dizer, com a própria voz se apropriam da voz de todo o mundo e depois dizem que eles são a *vox populi*, entendeu? Esta turma quando trabalhava começava o trabalho fazendo a barba em casa; depois, subindo a escada da vida como *vox populi*, não teve mais tempo de fazer a barba; hoje são pilosos, hirsutos com cara de assustar criança. Caro Miró, eu vi como foi e como é, sabe que tenho boa memória. Já Marx era barbudo (naquele tempo não era vantagem, pois até o Imperador D. Pedro II era barbudo), depois veio o nosso Fidel que quando conseguiu montar no ginete popular logo deixou crescer a barba. Daí, Miró, virou que tudo o que é voz do povo fala pelas barbas.

– De quem?

– Ora, Miró, dos Profetas, que eram todos barbudos e falavam profetizando. Agora não me lembro se acertaram ou não. Mas veja bem, quem hoje está de cima não usa barba, você já viu algum, seja de onde for? Se lembrar de um nome me avise, mas acho que de tanto pensar vai cair no sono. Aqui você já tem uma chavinha do esquema da escravidão moderna. Quem é barbudo geralmente não trabalha, só fala. (Disse *geralmente* como prevenção contra eventuais melindres.) Também já sabe que todos os que estão por baixo e insatisfeitos são escravos: assim temos escravos do trabalho que querem "trabalhar menos horas, ganhar mais e garantia de que continuem na mesma" o que não deixa de ser uma escravidão disfarçada, pois os negros ficaram na mesma desde 1500 até 1888. À medida que você vai subindo na escala do trabalho, do duro e bruto (pés e mãos) para o mole (de cabeça) os escravos vão mudando de roupa, mas sempre escravos. Por exemplo: a prostituta tem que andar bem vestida, bem penteada e bem cheirosa, é a escravidão do aspecto para atrair fregueses (como choram o dinheiro gasto nesta obrigação!). Os vendedores, sobretudo das multi – de lá e de cá –, têm que usar terno e gravata, não é uma escravidão do trabalho? Já o líder barbudo deve sentir um calorzão com tanto pêlo, tem que lavar com shampoo, um troço que faz tudo macio de dar gosto, mas, além disso, ir ao barbeiro e ajeitar tudo para poder falar, comer e até respirar. Também é uma escravidão por causa do tal Marx-Fidel. Mas há infinidades de outras escravidões que são independentes, pois atingem brancos, pretos e demais cores. O exemplo mais elucidativo é a fiscal.

– Fiscal? Não é o tal que cobra pedágio dos ambulantes?

– Antes fosse essa mixaria, Miró, o dicionário não diz com clareza, mas é toda a organização do governo que toma o dinheiro, tenha ou não tenha, sem choro nem vela, como diz o samba. Só que no caso somos todos nós *populi* que sem *vox* dançamos o samba ao som do rugido do leão, símbolo adotado por eles mesmos para mostrar como eles são mansos, sem fel nem maldade. Aliás *tutti buona gente*, sem a menor dúvida, e não usam barba, talvez seja em parte por isso que os outros usam. O negócio funciona mais ou menos assim: precisa de dinheiro, nem você nem eu, o governo chama a escrivã (escrivão é só de cartório) e lasca a palavra; considerando isto, aquilo e mais aqueloutro, decreto e está acabado. O dinheiro entra porque com leão não se brinca e eles gastam sem dar satisfação na revivida frase "sabe com quem está falando?" Se precisar mais é só tocar a campainha – hoje aperta-se o botão – e lá vem pressurosa e cheirosa a tal escrivã que só rabisca porque já passou à categoria de taquígrafa. Se isto não é escravidão branca, Miró, só mesmo você explicando, e como não sabe falar, ficamos por aqui. Outra escravidão que se sente a todo momento é a da cidade grande, a nossa dos 14 milhões de feras. De tão grande número de pessoas, todas com os respectivos D. H. (Direitos Humanos), com D. H. e tudo têm que morar em algum lugar e, assim, de tão grande criou-se um troço inédito (inédito quer dizer novo, que não existia no tempo dos Bandeirantes).

– Chefão, se inédito é o que eu penso, tenho as orelhas em riste para ouvir sua explicação.

– Eu explico: é evidente para você e para mim, Miró, que se, de repente, a pobreza do Brasil inteiro vem para São Paulo, a culpa não pode ser dos raros paulistas que sobraram, mas apenas desta louca fabricação de gente que precisa comer e, com grande pesar, trabalhar para conseguir o objetivo primeiro, comer. É o preceito de Marx ou Lenin, novos associados de Jesus Cristo (por delegação dos teólogos libertários), que quem não trabalha não come, o que é uma escravidão insuportável. Mas você sabe, Miró, o rio nunca é o mesmo. Sempre igual é a ponte, a água que passa por baixo é que nunca é a mesma. Hoje, como o emprego anda raro, subiu de valor, todo mundo quer trabalhar e a escravidão inverteu-se: antes era a escravidão do trabalho, hoje é a escravidão de não trabalhar, tudo isto com barbudos e tudo mais. Você entendeu, Miró? Eu não, só se você compreender e aceitar que foi conseqüência do inchamento de São Paulo que agora paga o pato que os outros comeram à custa do tal "pogresso" do Milagre furado. Como vê, a escravidão também escorrega "para lá e para cá" quando se pode berrar à vontade e quando se ouve tudo e todos numa confusão danada. Até o ar escraviza; veja você, se o ar é poluído soa a sirene da Cetesb com o negócio de atenção, perigo, porque o tal monóxido de carbono fica teimoso e parado sem ir embora chatear outros bípedes.

— E nós o que podemos fazer?

— Nada, Miró, é ou não é escravidão da poluição. Você mesmo está ouvindo o trator roncar grosso o dia inteiro no terreno da frente onde vão fazer um arranha-céu: é das 7 às 17 horas. Que fazer? Ouvir calado, é ou não é escravidão? Se houvesse liberdade, como aquela que já conversamos da noite, era só pegar um belo canhão com metralhadora e tudo que, após o barulhão, seria o silêncio sepulcral de lá e tranqüilo de cá. Mas bem entendido, só em sonho, senão iríamos aumentar a pressão demográfica da casa de detenção ou do hospício. Assim, escravizados ao barulho, mas, por enquanto, ainda livres de reclamar (em pensamento apenas). Veja um novo exemplo, a TV. Primeiro nos seduzem e nos condicionam a não tirar os olhos dela; sabe, mulher semi-pelada nos shows e cassinos ou nos programas de fulano e sicrano (até que nada mau, elas, bem entendido) e depois, assim como quem não quer, no meio de anúncios, novelas e conversa fiada entra pela casa adentro todo o tipo de produto que a gente não quer comprar nem em sonho, mas acaba comprando como um sonâmbulo, é uma tevescravidão ou não é? Bem, Miró, estamos filosofando ao correr da pena e só nesta frase já está outro exemplo de escravidão, pois pena é do tempo da vovozinha, hoje é bic no duro para o mundo inteiro saber e usar, que seu Bic manda; de modo que até a literatura manuscrita, não a maquinoscrita nem a xeroxcrita, a escrita à mão mesmo, seja escrava da escrita Bic e ponto final. Mas não digo, Miró, porque sou escravo de minha vontade e ela manda que pare de escrever e dê uma soneca para compensar as madrugadas aflitas para desovar o cérebro fértil de idéias, de tantos pensamentos, que aqui são depositados em reverência à Memória Nacional. Se escravo de minha própria vontade, onde está a liberdade neste mundo de Cristo? É evidente, meu caro Miró, só no outro mundo, no dos sonhos transitórios ou do definitivo!

– Mas mestre, não há mesmo escapatória para esta escravidão da vida moderna?

– Creio que você cheirou bem, Miró, acho que há esperança sim. A escravidão é sempre externa, depende da força, da maldade e da ganância do homem. Sempre haverá formas as mais disfarçadas, seja a crua sob o guante do dinheiro (e indiretamente da fome), seja a mascarada por idéias, sejam elas quais forem, já que por idéias se escravizam nações inteiras e massacram-se milhões. Não há jeito de se fugir a esta escravidão moderna, o medo nos tolhe e o desejo de viver garante nossa submissão. Você, querido Miró, é meu escravo, apesar de tudo: come porque eu dou a comida, vive porque eu quero, se não for obediente, se se revoltar e me ameaçar posso até matá-lo. Sorte sua de só perceber meu afeto e não saber do meu poder. Assim acontece com os homens.

Só existe uma possibilidade de fugir à escravidão em vida. É a liberdade interior, o sentimento inteligente quando nos isolamos de tudo e de todos na fortaleza inexpugnável que é a própria alma. Se ela é alcançada pela humanidade perversa, jamais será conquistada, pois a morte nos libertará. Esta é, Miró, a verdadeira anti-escravidão.

– Miró, você sabe agora o que é escravidão, mas sabe porventura o que é liberdade?

– A bela palavra pela qual já se derramou tanto sangue?

– Vejo que você está com cara de sono. Que diabo, não se entusiasma por esta palavra tão bonita na boca de todos os poetas, idealistas e políticos? O que aconteceu? A nossa conversa sobre a escravidão te assustou e por isso está dormindo para fugir da realidade? Sabe, Miró, pode prestar atenção, que a liberdade existe de muitos modos e formas, de maneira que você pode perfeitamente se acomodar triunfante em qualquer uma. Certa vez, numa conversa entre conhecidos sobre a África, perguntei a um companheiro, um africano retinto que prudentemente vive no Brasil, o que era a liberdade. Deu-me uma resposta berrada, acho que por causa do meu aparelhinho de ouvido (ouço razoavelmente bem) dizendo que era a autonomia do povo poder fazer e dirigir o próprio destino etc. e tal. Encolhi-me (mais pelo berro do que pelos argumentos) pensando na liberdade de Angola e de outros novos países da África que mudaram de roupa e de dono, ficando na pior, mas como ele disse, em liberdade. Consolei-me pensando nos exércitos de libertação que querem libertar todo o mundo conseguindo uma ampla libertação da alma desse corpo terreno que a generosa terra abriga a muito menos do que sete palmos. Todo mundo quer libertar todo mundo, os de cá, os de lá e vice-versa. A libertação é tal e tanta que por ela morre mais gente do que numa guerra que também sempre quer libertar o inimigo de alguma coisa ou de alguém e sempre acabam ambos perdendo, o vencedor e o vencido. Os USA são o país da liberdade, pelo menos têm uma bruta estátua de bronze logo na porta de entrada. E é realmente um país de liberdade?

– Ora, mestre, esta pergunta é de ofender um reacionário e espantar um brasilianista?

– Bem, Miró, então responda com sinceridade a esta pergunta: será que já não são escravos dessa tão apregoada liberdade? Sabe, lá existe a 5ª emenda à Constituição, a famosa *fifth amendment*. Em nome dela faz-se tudo o que transforma os USA nesta maravilha de licenciosidade e violência que é hoje. Lá tudo é garantido pela 5ª emenda, os tais Direitos Civis – *Civil Rights*. Lembre-se dos escândalos de toda ordem, dos políticos corruptos, dos presidentes vassourinhas (gíria que quer dizer – passou pegou – as bonitas, é claro), os tais *lobby*, os grupos de pressão por interesses particulares, o amparo a todos os refugiados do mundo (*noblesse oblige*) com escolas para aprenderem na própria língua nativa, o que logo levará a língua nacional, o inglês, a uma minoria apenas. Enfim, liberdade e orgulhosa bagunça que é tida por inigualável. A liberdade é tanta que os meios de comunicação, na ânsia de lucro, divulgam tudo, exploram e mentem sobre tudo porque para tudo há direitos reservados a preservar. Lá não há segredos, nem os de Estado, pois há sempre o buraco da fechadura do interesse, do dinheiro, que consegue o brilhante furo jornalístico. Será isto liberdade mesmo?

– Diga, chefe, haverá escravidão ou liberdade na URSS?

– De cá se diz que há liberdade, os ideólogos que a provam ficam na base do ela lá e eu aqui. Veja, Miró, são 272 milhões de seres humanos montados por um regime totalitário de silêncio e controle total. Aposto que mesmo lá há liberdade, se não política pelo menos nos recursos emocionais de seu povo. Muito medo, respeito à dureza do regime e ao sem-remédio do amanhã, mas a liberdade interna intacta racionalizando as agruras políticas e extraindo o possível do que existe de fato. Assim, Miró, a liberdade é uma palavra que quer dizer muita coisa e pode ser tomada também pelos vários aspectos de vida. Você é livre de fazer o que quiser no quintal, desde que não fuja das regras estabelecidas. Mas dirão que você está preso no quintal e que livre é o vira-lata que corre de cá para lá na busca de comida anônima, arrisca a vida ao atravessar a rua, é corrido por outros cachorros mais fortes, dorme em qualquer canto, late e morde quem quiser. Este poderia representar a liberdade americana e você a russa. O vira-lata poderá lamentar esta liberdade dura da realidade de poder fazer o que quiser e até passar fome e você, abençoar as limitações tranqüilas do quintal. Pura questão de ponto de vista e sobretudo de quem está deste ou daquele lado da cerca, ou do tal muro da vergonha. Onde está a liberdade? Em Angola, nos USA, na URSS? Aqui no Brasil uns dizem que há ditadura, é só ler os *grafitti* e os jornais. Será? O simples fato de escreverem, falarem e acusarem já não é uma liberdade? Ou a liberdade será o regime da cerca do quintal em vez da vastidão do vira-lata?

Fala-se muito em tortura, sobretudo neste tempos de "ditadura" e de D. H. É um tema interessante, Miró, porque é o contraste da liberdade agora comentada. Hoje a sensibilidade anda à flor da pele, um pontapé é tortura e um simples berro, desde que venha do lado contrário, é também tortura. Tudo o que é do contra, qualquer ação ou reação, é tortura, porque a palavra atrai para as manobras de ação política de todos os naipes. Lembra-se, Miró, como você por si mesmo se educou, exonera num ponto certo, na grama, de modo a que não se perceba esta parte malcheirosa mas essencial de sua fisiologia? Que diabo, se você, cachorro, é educado e gentil, porque um ser humano delinqüente, assassino e ladrão não pode ter o corretivo que se dá às crianças que, sem ele, pereceriam pela inconseqüência de sua atitude? Uma palmada em hora certa no lugar adequado, todo mundo sabe que faz maravilhas. Sim, isto em casa, mas quando se mistura com interesses políticos, ideológicos e religiosos, o intocável é essencial. É a busca do mártir tão procurado e festejado quando encontrado. Já contei a você o apoio aos menores delinqüentes com missa, declarações amplificadas pelos jornais do ramo, pastorais, seminários e conferências; todos os degraus para satisfazer o ego, a vaidade, sem falar nos outros interesses menos prosaicos (dicionário = trivial, comum, vulgar) com o pensamento no alto. No fundo tudo se confunde e se inverte, altera-se com estes interesses o verdadeiro sentido da maldade autêntica, mostrada através de lentes defeituosas, aumentando o pequeno e deformando o grande. Assim, o menor assassino é coitado e merece apenas as iniciais, em nome dos D. H. de quem? Do próprio ou do defensor que tem o direito da projeção e da publicidade? A tortura hoje em dia é uma palavra mágica, serve para tudo, mas sobretudo para "virar a mesa" em benefício de alguns, da ideologia de alguns que será imposta a todos, momento em que a tortura se legaliza e se transforma em lei que deve ser cumprida, como sói acontecer com os povos libertados! Você, Miró, me olha como se eu estivesse desabafando com raiva, aproveitando o ter como interlocutor um jovial cachorrinho, para dizer o que penso. Talvez, porque afinal há limites para tudo, sobretudo para quem sabe ler nas entrelinhas das mentiras de tudo e de todos.

– Não seria paranóia, mestre?

– Sabe você lá o que é isto, Miró? Olhe que eu sou psicanalista e fui um cirurgião grande. Para falar claro, paranóia uma ova.

– Ova de quê?

– Sei lá "uma ova" é gíria dos velhos tempos e continua até hoje para quem a usou no antigo. Paranóia é mania de perseguição; e sinto-me eu perseguido? Quem está e não sente é o *populi* que agüenta o peso de toda esta chusma de interessados que o puxam e repuxam para todos os lados visando seus próprios interesses. A Igreja agora é partido político dos pobres, Cristo é companheiro de Marx, a esquerda O puxa para seu lado à busca da verdade, mas sobretudo de mentiras e deformações; a fome virou palavra mágica, a direita pontifica do alto, do governo, dizendo o que quer, e a verdade de hoje é mentira provada amanhã. É tudo interesse, política pessoal e desinformação, e se um cristão aponta a chaga vira paranóico? Não, Miró, nisto não concordo e não posso respeitar sua lembrança. É nome errado, impróprio e até ofensivo.

Vejo que você, Miró, não correu por causa da minha indignação!

– É isso mesmo, não corri porque posso ter errado na insinuação, mas estou certo de que há tortura, por isto estou tranqüilo!

– Bem, neste ponto concordo inteiramente, mas só se examinarmos com honestidade sua perene existência na sociedade humana e não como fazem hoje em dia quando a tortura é massa de manobra para os ideólogos de todas as cores, do branco ao vermelho, passando pelo branco e amarelo. Nada disso, jogo limpo, concorda?

– Aceito!

– Então vamos conversar. Primeiro, pergunto: quem é torturador? Hoje é só o governo e a polícia, o resto é tudo anjinho de asa transformado em pena de escrever e língua de fazer declarações em defesa dos D. H. O povo cala e não bufa. Mas pensa, naturalmente. A tortura começa em casa, meu caro e ingênuo Miró. Fui psicanalista e dos competentes, tenho certo conhecimento da mente humana. Crianças apanham, torturadas sem propósito pelos pais; os brutos seviciam suas pobres mulheres e não é na favela, não, Miró, é em todo lugar, só que não vão à polícia. Há torturas físicas e morais, proibições absurdas e por aí afora. Tudo fruto da neurose que dá em rico e pobre, quando não de uma psicose latente ainda não detectada.

– Não sabia disso, mestre, mas acontece com todo mundo? Não são apenas exceções?

– Claro que são exceções julgando pelo total da população, mas muitíssimo mais do que você pensa, pois este tipo de tortura doméstica raramente chega à publicidade. O desfecho, quando chega ao insuportável, é a separação, e aí aparece o torturador que mata em nome disso e daquilo. Aqui não aparecem a esquerda, a direita e a CNBB, porque "não se deve intervir em questões domésticas"; digo eu, porque não há interesse próprio a defender. Depois vem a grande e protegida classe dos delinquentes, aqui já entra todo mundo, mais na defesa do que na acusação. Estes matam (é a tortura levada ao seu grau máximo e final, porque morto não fala nem conta como foi antes de morrer), estupram, violentam, agridem de todas as formas. Não são torturadores, só produto da sociedade doente que os interessados querem mudar em proveito próprio. Já disse antes: Se menores, os "de menores", impunidade total em nome dos D. H.; Se adultos, coitados, não encontram trabalho e têm que voltar à senda do crime. Assim não são torturadores, apenas a delinquência. Benza Deus!

Por fim, chega-se à grande classe dos torturadores, a polícia por conta do governo. Agora sim, todo mundo em cima, holofote e lente de aumento a propósito do menor deslize: por quê? Até você, Miró, pode perceber com clareza o que está por trás de tudo isto: dinheiro e poder. O método é simples, generaliza-se evitando particularizar o fenômeno; assim, atinge-se, em benefício próprio, a massa que não pensa porque é condicionada. O jornal é vendido, os profissionais sobem de postos sejam eles quais forem, surgem honrarias, retratos, publicidade, vira-se político (sabe, dá votos em penca) enquanto caminha a passos largos o progressismo.

– É isso aí, Miró, debulhando é que se vê a qualidade do milho. Vejamos agora outros aspectos da questão. Você acha que o policial é muito diferente do delinqüente?

– Claro!

– Claro se você julgar grosseiramente o lado do crime e o lado da lei. Mas como ser humano a diferença está apenas na honestidade de propósitos. Você seria porventura policial? Já sei que diz não. Nem eu! Por quê? Apenas porque não é de minha natureza lidar com a violência, pois policial pacífico é policial morto. Você já viu delinqüente honesto, correto, que só fala a verdade e não mente? São os "de menores" honestos que roubam e matam, mas sempre corretos e todos verazes. Você, que não é bobo, logo vê onde está a malícia. Para mascarar as intenções ocultas exigem dos policiais ética absoluta, numa classe que, por definição, só lida com a violência. Vê você como debulhando se pode ver o grão de milho carunchado. De um lado perfeição, os acusadores, que para serem perfeitos e sobreviverem na mistificação da opinião pública são por definição incorruptíveis. Não preciso dar exemplos, pois você poderia ler nos jornais se não fosse, para sorte sua, cachorro. É isso aí, Miró, uma pequena reflexão sobre as torturas. A verdade aqui está só do lado do criminoso. Quanto a nós, *populi*, somos enganados e também torturados pela criação artificial do medo, da insegurança e da confusão mental, pois é tal a agressão publicitária que não se sabe mais o que é certo e o que é errado, e isto não é tortura? Agora você sabe quem são os torturadores de asinhas abertas. A técnica é alarmar, e os assustados correm e não reparam em detalhes. Justamente os detalhes que contam como são as coisas. Mas caro Miró, chega de tortura, pois ela é contagiante, invade como a poluição e acabamos nos torturando a nós mesmos. Para encontrarmos a paz nesta cidade fantástica, que tal visitar um Museu, onde há silêncio, paz, recordação e sobretudo, porque poucos sabem que eles existem, solidão?

– O que é Museu?

– Bem, Miró, não me admiro que faça esta pergunta, pois você está acompanhado de pelo menos 99% dos brasileiros.

– Isso eu imagino, mas você não respondeu à minha pergunta!

– Aqui vai a resposta mais ou menos autorizada, pois você fique sabendo que já visitei museu de todo o mundo (não todos os museus do mundo, bem entendido). Assim, sei que há museus e museus e, principalmente, museus do

Filosofando com o "Miró"

Brasil e museus do exterior, dos países cultos, que os maliciosos chamam de países ricos. Também antes de definir é preciso esclarecer que os visitantes de museus se dividem em duas categorias amplamente desiguais, como a dos pobres e ricos, aqui de espírito (não é espírito de vinho, não, é espírito, espírito que o dicionário diz ser: "parte imaterial do ser humano"; coisa que não se vê, não se pode pegar, mas existe e teima em andar junto com o corpo, só se separam na morte, cada um pro seu lado). O espírito pode ser rico e pobre, como tudo; não sabe de um xingo delicado de dizer que fulano é "pobre de espírito"? É isso aí. Assim, conforme a quantidade de espírito, o visitante tanto pode ver o museu (paredes, assoalho, teto, jardim, iluminação e alguns vultos pendurados ou sobre pedestais) e vai embora todo cheio de "conhecimento". É a maioria. Alguns poucos é que vão olhar os vultos que são os objetos que compõem a exposição e quando olham, mesmo, voltam várias vezes, pois da primeira, segunda e até da terceira vez há sempre detalhes que escaparam mesmo à observação interessada. É como ver uma mulher bonita em qualquer lugar. Vê-se e logo se confunde com as outras e se esquece, sabe-se apenas que se viu uma gostosona. Agora, se olhar mesmo e examinar de perto, não é preciso explicar, Miró, quanto mais visitas melhor, até enjoar de uma vez.

Assim, Museu é uma instituição onde se guardam objetos, imagens e sons do passado, que são preciosos por si mesmos pela raridade e qualidade ou que, pela sua natureza, são elementos importantes para a história de um povo e para o aprimoramento (palavra muito em uso hoje) cultural das massas. Mas como explicava a você, museu não é só o que se vê exposto. Atrás desse conjunto de objetos há ou devia haver todo um trabalho de organização visando ao maior aproveitamento do que existe no museu, que se chama acervo (não é cervo nem servo, nem veado nem criado, começa com *a*, significa "tudo que o museu tem exposto ou guardado").

– Uái, então como é que ouvi dizer que você visita um museu e volta depois de 10 anos e está tudo bem arrumadinho como antes?

– Bem, Miró, isto já sei que vão dizer que é por falta de verba, naturalmente culpa do governo. Não é só pobreza de dinheiro não, é sobretudo pobreza cultural e preguiça. O Museu devia ser uma instituição viva, com todos os elementos para atrair visitantes, como já exemplifiquei com as mulheres; elas são sempre as mesmas, como os objetos do museu, mas é um tal de pôr, tirar, mudar, acrescentar e mexer que os homens nunca perdem o interesse por elas, pois se renovam a cada dia. O museu devia ser assim, rearrumar o acervo, criar eventos (do dicionário = acontecimentos, sucessos) como exposições específicas, conferências, visitas explicativas, cursos, publicações e sobretudo publicidade. Concordo que para alguma coisa precisa-se de dinheiro, mas o que é mesmo necessário é interesse pela instituição e respeito ao público que paga a conta de tudo, e não o comodismo indiferente que está no bojo de nossa ignorância cultural. Fui Conselheiro durante 3 anos de um grande museu de arte sacra, interessei-me com sugestões, propostas e pareceres. No fim acabei saindo e escrevendo uma carta explicativa ao Secretário de Cultura, cuja cópia guardo zelosamente. Simplesmente não agüentei o imobilismo bem arrumado. Vim filosofar com você, Miró, que, cachorro e tudo, participa e entende. Vou contar um fato recente, que é típico: estava tirando fotos de uma extraordinária igreja de Minas Gerais, documentando a belíssima decoração com anjos barrocos para um livro que escrevia. Entrou na igreja um casal com filhos, dão uma olhadinha e aí vem o interesse cultural: o turista admira a minha excelente máquina fotográfica japonesa e vai embora, certo de que conheceu uma maravilha do barroco em Minas Gerais e, veja bem, não era favelado não, estava bem motorizado.

Por causa daquela sua observação correta de que tudo se mantém imóvel com o correr dos anos é que um museu é também uma palavra ofensiva quando se designa alguém dando a idéia de um cara inútil, velho e inoperante. Mas Miró, há grandes e honrosas exceções que ficam por conta de alguns idealistas que chegam até a ser pixados pelos interessados. O maior de todos é o Museu de Arte de São Paulo – Museu Assis Chateaubriand na nossa famosa Avenida Paulista. Embora a alma mater tenha sido a visão de quem lhe deu o nome, cabe a outro ilustre brasileiro de adoção a honra de ter feito dele o maior e melhor museu de arte do Brasil, na mesma estatura dos grandes museus do mundo. Não acredita? Por incrível que pareça é a pura verdade, e o artífice dessa *avis rara*, dou só as iniciais, é o professor PMB, um gigante de conhecimento e trabalho pelo bem da Cultura. Mas não é um museu morto, é vivíssimo com eventos de toda ordem, sempre culturais e uma freqüência das maiores. Já vê que o imobilismo traz o isolamento, o anonimato de portas abertas. O interesse chama por si os interessados. Outro exemplo notável é o Museu da Casa Brasileira, que apesar da aridez do acervo, pela sua própria natureza (não se podem movimentar as mobílias) é vivo porque promove exposições culturais, seminários semanais e cursos os mais variados. Como tudo que é cultural no governo, não tem verba para nada, mas vive pela teimosia e esforços de sua diretora. Outra instituição oficial ativa é o Museu da Imagem e do Som.

– Ora, mestre, não venha com esta de museu de imagem e som!

– Atenção, Miró, imagem você sabe o que é, pode ser a imagem projetada na tela ou o retrato. O som vem do além-túmulo, são os depoimentos de personalidades de interesse público que são gravados e arquivados para que revivam a qualquer tempo no futuro. No mesmo edifício existe o Paço das Artes, outra instituição ativa que promove encontros, exposições, enfim, tem vida e por isso vive. Não é um vivo-morto como a maioria dos museus brasileiros. Não vou fazer uma resenha dos museus, dou apenas exemplos, só quero que saiba separar o bom do ruim, sem culpar as pobres (mas caríssimas) peças que estão expostas nos museus, para a maioria dos turistas, como dizem, simples vultos, mas para uns poucos a "menina dos olhos". Quero que você grave bem que não é o povo que deve ir ao museu, mas o museu que deve ir ao povo, atraí-lo, seduzi-lo, se preciso, única maneira de sairmos desse buraco de ignorância que é o Brasil. O resto é só empreguismo e burocracia.

— Bem, parlando, parlando, vão aparecendo assuntos para filosofar. É claro, Miró, o Museu é só a casca, o continente, porque o conteúdo mesmo tem outro nome genérico, Arte.

— O que é arte?

— Você que vive fazendo artes não sabe o que é arte? Está na hora do dicionário: "arte é a capacidade que tem o homem de pôr em prática uma idéia, valendo-se da capacidade de dominar a matéria".

— Concordo com o Aurelião, boa definição.

— Assim, você fica sabendo que todos os objetos que estão num museu são o resultado dessa capacidade criativa do homem, privilégio de uns poucos que fazem o que a grande maioria não pode fazer. Estes são os Artistas. Não pode haver arte sem artista, mas, infelizmente, pode e há muitos artistas sem o objeto artístico, por exemplo o fulano que é um artista no roubo, ou para enganar os outros, como os bons de bico, os políticos, os estelionatários (grandes artistas da conversa) e por aí afora, o que é certamente outro assunto, que não tem nada que ver com a Arte. Quando são realmente grandes artistas são únicos, como foi o Aleijadinho, o gênio do nosso passado colonial.

— Tudo bem, mas ouço você falar de artista de teatro e telenovela, eles também fazem objetos de arte?

— Caro Miró, bem se vê que dormindo à noite você não fica sabendo de nada. Já diz o ditado: "quem dorme não pega peixe". Estes artistas que você menciona são também criativos, pois representam, transformam-se nas personagens do teatro, agem, falam e vivem como eles, o que é um trabalho altamente criativo. Se você fosse ao teatro ou pelo menos assistisse às novelas de TV, ficaria com ódio de artistas por causa do que representam, isto é, o ódio não é da pessoa, do artista, mas do papel que ele cria, do outro indivíduo, traiçoeiro, vingativo ou cruel. Você também pode ver nesta sucessão de telenovelas se o artista é bom ou ruim. Bom, se a cada novela ele sabe transformar-se na personagem diferente que representa e ruim se na sua atuação ele continua sempre ele mesmo. É como costumam dizer, fulano em qualquer papel é sempre fulano.

– Então tudo isto é Arte?

– É assim, Miró, a capacidade criativa do homem é imensa, produto da cultura ancestral que se transmite pelos genes de nossa formação, portanto derivado do passado. Vê você o imenso leque de possibilidades artísticas, privilégio do homem, pois você, como já disse, só faz artes como matar passarinho, correr atrás de moscas etc.

– Concordo, mas estes rabiscos de paredes brancas que dizem existir?

– Miró, se for com propósito criativo estes rabiscos chamam-se *grafitti*, uma espécie de acontecido de surpresa, os *happening* das estranjas. É arte popular de improviso, se não for apenas sujeira dessa mocidade irreverente que não pode ver uma parede limpa. Aqui é só merda simbólica e não arte. Como vê, Miró, é preciso sempre separar as coisas neste mundo confuso de interesses e de reações contraditórias e sobretudo violência libertária!

– A Arte sempre existiu ou é coisa de quem quer fazer museus?

— Que pergunta mais despropositada, Miró. Então você acha que a Arte é coisa do progresso dos dias que passam? Pois saiba que desde que o mundo é mundo a arte existe e o primeiro de todos foi Deus que concebeu e fez o mundo em sete dias. Desde as primeiras civilizações conhecidas se faz arte da melhor qualidade. A arte grega então, muito antes de Cristo, já era insuperável.

— E onde estão todas estas maravilhas?

— Ora, já disse que nos museus do mundo inteiro, coisas preciosas e de tão valiosas pode-se dizer que não têm preço.

— Como pode ser preciosa e não ter preço?

— Miró, você parece burro, sem preço quer dizer: não há dinheiro que pague, pois são peças únicas de milhares de anos atrás.

— É isso que você tem tanto em casa nas estantes e armários?

— Que nada, Miró, no Brasil não pode haver estas coisas porque nós começamos do zero há apenas 483 anos. Antes, aqui, só tinha selvagem com uma rudimentar arte primitiva. O que é primitivo? Oh, perguntão chato! Arte primitiva é a arte dos povos sem escrita chamados ágrafos. Vejo que você ficou na mesma, mas é isso mesmo: nosso índio não sabia escrever e o pouco que fazia, se arte fosse, era primitiva.

— Então todos estes objetos velhos são de valor imenso?

— Para começar, Miró, não são coisas velhas e sim antigas. O antigo é muito anterior ao velho; eu sou um homem velho, como você está vendo, mas não sou antigo. Homem antigo seria o de Neanderthal, o das cavernas... ih! Está dormindo de tédio, mas termino assim mesmo, tudo isto chama-se genericamente de antiguidades. Dizem por aí que objeto antigo é o que tem mais de 100 anos, os outros são só velhos. Nos museus existem antiguidades.

— Só lá?

— Acordou agora, Miró! Até parece comerciante vivo que fica em atenção quando se fala em antiguidades. Pois é, todo o conjunto de objetos de arte antigos, quando preciosos, está nos museus.

— Mas só nos museus, mesmo?

— Ora, Miró, que curioso, você me obriga a encompridar o assunto. Não é só lá, nem sol-la-si-dó, existe na casa de muita gente que coleciona.

— Colecionar é isto que você faz aí no escritório?

— O que eu tenho é uma coleção, mas eu não sou colecionador.

— Agora estou confuso, tem coleção e não é colecionador?

— Bem, Miró, tenho que ter paciência e explicar, pois já diziam os romanos, *patientia fortuna juvat*, que quer dizer, com paciência vai-se levando, até que os outros percam a paciência, como no caso de nossa dívida externa. Mas voltando à definição: juntei minha coleção porque há 17 anos venho pesquisando e estudando a Arte Sacra, por isso é que tenho o que você vê, e já tive muito mais, o que está no Museu de Arte Sacra de São Paulo. Colecionador é aquele que reúne objetos de seu gosto, quaisquer que sejam eles, como selos, marcas de cigarro, armas, bonecas e muito mais coisas sem valor aparente. Outros, os grandes, colecionam pinturas, imagens de santos, mobílias, tudo coisa que pode ser antiga e moderna, mas que custa muito dinheiro.

— São negociantes, então?

— Nada disso, poderia chamar de pessoas que investem dinheiro, pois sabem que compram hoje por x e depois vai valer muito mais. É o que se chama investimento. Para isto é preciso ter olho vivo e certo grau de previsão (muitos se enganam nos cálculos e perdem). Há vários macetes neste negócio, como por exemplo, prever a saúde do artista, se vai morrer comprar logo, pois depois de morto vale mais.

— Como o porco?

— Não seja atrevido, Miró, o que vale mais são os quadros. Outro macete é cheirar a subida de cotação de um artista morto, comprar tudo o que puder e, assim, controlar o mercado.

— Mercado de quê?

— Ora, Miró, mercado de arte. Lembra-se dos impressionistas de Paris? Quando pintavam morriam de fome. Hoje é sabido que quem comprou um quadrinho, por pequeno que fosse, é milionário. É a ironia da vida, um trabalha, o outro ganha. Artistas que trabalham demais inflacionam o mercado e o quadro vale menos. É cano na certa. Já o vagabundo que trabalha pouco é mais valorizado, sobretudo morto! Também se "fabricam" artistas, faz-se a promoção, vende-se o que se comprou por nada e depois deixa-se o coitado pensar que é grande até o fim da vida, mas continuando pobre. E mais não digo, Miró, porque iria torrar todo mundo nestes exemplos da "sabedoria" humana.

— Então você é investidor?

— Não, Miró, eu nunca comprei nada, tudo foi buscado na origem, chama-se pesquisa de campo.

– Campo de futebol?

– Ora, Miró, pare de perguntar! Campo é no interior, na roça, nas regiões antigas. Onde encontrei? Na casa de velhos moradores, nas capelinhas, nos cemitérios e sobretudo nas santas-cruzes de beira de estrada. Mas como ia dizendo, há colecionadores de tudo, que colecionam coisas sem valor ou de grande valor.

– Mas não entendo bem, por que eles colecionam?

– Bem, agora a coisa se complica, pois entra muita coisa no negócio. Você precisaria conhecer um por um para saber a motivação de cada um.

– Então explique, que eu não tenho pressa e não estou com sono!

– Para começar, todo colecionador tem, de uma forma ou de outra, um pé no passado.

– Pé?

– É força de expressão, quero dizer que sem saber, inconscientemente, o ato de colecionar está ligado à alma do bruto, pois os objetos têm um significado também para ele desconhecido, inconsciente, mas que o "obriga" a colecionar. Assim, as armas estão ligadas à violência e ao erotismo, as imagens a crianças e pais, os selos à esfera oral, tudo coisa que Freud explica e eu, para não entrar em fria, deixo por conta dele. Se quiser, leia e estude. Aqui existe o tal impulso de colecionar.

– E o dinheiro, no que é que fica?

– Bem, Miró, você é sabido, lembrou bem. O dinheiro é um elemento associado a tudo e quanto mais melhor, é reunir o agradável ao útil e naturalmente os mais sabidos

fazem este casamento, embora Freud também faça uma ligação entre dinheiro e fezes, coisa que também está nos livros. Talvez este último elemento, quando obsessivo e, por assim dizer, doentio, dê razão a Freud. Este negócio de colecionar pode chegar a grau extremo, que transpõe as delícias do hobby.
— Oba o quê?
— Oh, Miró, hobby, quer dizer passatempo, interesse paralelo às atividades da vida, algo que dê alegria e ocupação. Muitos começam no hobby e acabam na angústia e no sofrimento.
— Não entendo, mestre, como pode haver alegria e sofrimento e angústia, será coisa tão complicada assim?
— Miró, um exemplo que vou dar vai esclarecer suas justas dúvidas: um desses colecionadores tinha o apartamento cheio de coisas antigas. Estava muito doente e sua mulher, por um azar, numa casa atravancada, quebrou um prato para ele muito precioso. O homem ficou tão magoado que não falou mais com ela até morrer quatro meses depois. Também, logo depois de a mulher enterrar o marido (no cemitério) enterrou o passado e vendeu tudo rápido e baratinho.
— Então todo esse pessoal que coleciona é assim atrapalhado?
— Miró, nunca se deve generalizar, o que aliás está muito em moda hoje. Este foi um exemplo de exceção.
— Oposição?
— Você não é surdo, mas vejo que é malicioso! Exceção aqui quer dizer que existe, mas um ou outro só. Mas há casos muito evidentes que mostram o dedo do inconsciente

(Freud) em todo este negócio de colecionar antiguidades. Um amigo meu me contou o caso que agora passo adiante.

— Passa o quê?

— Chato, quero dizer, conto para você e, se você falasse poderia contar para outro, isto é passar adiante.

— Então é como passar dinheiro falso?

— É mais ou menos isso! Só que aqui o caso é verdadeiro. Este meu amigo tinha um amigo jovem que se entusiasmou pela coisa de pesquisar imagens na roça. Vai daí este último começou a imitar o primeiro, era um entusiasmo de lascar. Pouco a pouco, moço e cheio de vigor, ultrapassou o velho e não só conseguia o que queria como vinha esfregar no nariz do mestre, naturalmente pedindo opinião. Era tão artista que deixava a melhor peça para o fim, assim o primeiro ia engolindo em seco, e quando já sem saliva tinha o engasgo final. Depois ia-se embora todo fagueiro e triunfante e, para rematar, ainda telefonava e re-comentava a batalha ganha. Assim a coisa continuou por anos, até que, como esse meu amigo se desinteressasse das buscas, ele também se desinteressou. Mas, conta este meu informante, o uso do cachimbo deixa a boca torta. Telefonou-lhe muito depois, contou uma longa história e no finzinho da prosa deu a notícia final, mas o meu amigo já estava noutra e, com muita saliva, apenas sorriu: planeja agora um livro de gabarito, que por mero acaso é sobre assunto de outro livro, que este meu amigo publicou; será, sem dúvida, muito melhor.

— E daí? É uma história até edificante, de se imitar, coisa de pai bom e filho exemplar.

– Certo, certo Miró, eu também acho, mas como diz o macaco da TV "eu só queria entender"! Bem, o meu amigo apenas se engasgava de vez em quando e tudo continuou na boa camaradagem e amizade como fazem os não assaltantes. Mas quando ele me contou a história, eu, que sou psicanalista, logo fiquei curioso e bolei esta explicação, o que na gíria freudiana se chama interpretação.

– Não vai me contar?

– Miró, cachorro não entende destas coisas, mas como você é dos excepcionais (excepcional para cima, bem entendido) eu conto. O negócio, segundo minha imaginação, é simples. Este amigo de meu amigo, o segundo, deve ter um conflito latente e inconsciente com o pai (aquele treco que faz o adolescente quebrar e sujar tudo). Não resolveu o problema inconsciente (em neurose, Miró, o matusalém é tão jovem como o colega ainda infantil, pena que só nisso). Vai daí, ódio ao pai (sempre sem saber) até que encontrou no primeiro, o amigo mais velho, o pai bom. Lembra-se, encheu o saco dele até o engasgo por falta de saliva. O amigo tinha mesmo o tal de filó, assim, agüentou o papel que lhe estava reservado pelo ingrato destino. No princípio o segundo experimentou e como não levou o famoso cascudo, continuou até o tal engasgo que te contei. Assim ele, o segundo, vingou-se do pai verdadeiro no pai simbólico que, apesar de ser bom, acabou pagando o pato. A isto é que Freud, sempre ele, chamou de deslocamento, isto é, tirou daqui e pôs ali sem a menor consideração pelo coitado que, repito, pagou pacientemente o pato. Tudo isto aconteceu *no inconsciente* e agora, além dele (inconsciente), só eu e você sabemos do mapa da mina. Assim, Miró, acho bastante o que filosofamos sobre arte e vizinhanças. Você por certo fica por aqui mesmo, mas se fosse um vira-lata livre de vagar por este São Paulo sem fim, o que você iria conhecer encheria um livro e esvaziaria a fé nos homens. Feliz você que sabe pouco, quase nada, que é a felicidade do pobre.

– Já que falamos em arte lembro de perguntar a você se sabe o que é Memória Nacional.

– Não tenho a menor idéia!

– Garanto que tem a companhia de 120 milhões de patrícios. Dos outros 4 milhões podem-se escolher alguns que sabem. Memória você sabe o que é, pois a tem, já falamos sobre isto. Agora, Memória Nacional é uma espécie de memória do povo antigo, do que eles fizeram e que sobrou até hoje apesar dos esforços ou da falta de esforços para deixar que tudo desapareça. Sabe, o pessoal de cima é sabido, promovem a tal Memória Nacional porque é coisa de dantes. Mas não se toca na memória recente porque esta, por tradição e experiência, é curtíssima ou nenhuma, sobretudo do povo. Se não fosse assim o governo mudava toda semana, e o que temos já manda há quase 18 anos, o que prova minha tese. Agora me lembro de um cachorro basset que eu tinha quando era criança (morava no Jardim da Luz).

– No jardim?

– Ora, Miró, claro que numa casa, meu pai era o Administrador dos Jardins de São Paulo. Pois bem, o tal cachorro era teimoso, chamava-se Dick, era só chamar que ele ia para o lado oposto. Por que eu lembrei disso agora? Sei lá, Miró, é o que Freud chama associação de idéias. É possível que seja por causa dos nossos ministros que é só desmentir para confirmar, exatamente como Dick fazia. Por causa desse mente e desmente, mente e desmente... é que chegamos ao crediário também chamado credibilidade.

– O que é isso?

– Miró! Depois eu conto. Como ia dizendo, a Memória Nacional é nome novo de coisa antiga chamado IPHAN (Instituto do Patrimônio Histórico e Artístico Nacional) que agüentou a barra para que houvesse hoje turismo em Minas Gerais, na Bahia e por todo o Brasil antigo, se não hoje seria tudo ruína. Podia ter feito muito mais, mas sabe, por aqui tudo vai sem verba, como já se dizia no tempo do Império.

– Então se não vier o dinheiro vem tudo para o chão?

– Bem, o primeiro dinheiro vem e é sagrado, paga os vencimentos do funcionalismo (chama-se vencimento porque vence no fim do mês); o resto vai para a Memória. Sem os tais vencimentos ninguém se lembra da Memória e sem o dinheiro além do dito vencimento a Memória morre. Mas você sabe, tenho andado por este Brasil afora (as tais ausências em que você prova sua memória) e senti que nas restaurações há sempre um jogo de empurra, um manda para o outro e no fim quem faz, mesmo, é o operário local. Aí, o dinheiro faz o trajeto inverso do tal jogo de empurra. Agora com os tempos bicudos que atravessamos acho que tudo vai ficar mesmo na burocracia, pois não vai haver dinheiro para restaurações. Há prioridades muito maiores, como por exemplo a credibilidade: é aquele negócio do DC-10 de mistura com a pílula amarga. É preciso mesmo restaurações e muitas.

— E daí, como vai ficar?

— Miró, só vejo uma saída: os interessados, a comunidade local (não a de base) que se reúna e conserte o telhado para que a chuva não faça o resto. Pode crer, Miró, é sabedoria velhíssima, que telhado estanque é casa perene. É pena que ainda não descobriram isto por estes Brasis, sendo essa a causa de ruir tanta coisa. É barato, local, sem os "apelos" ao governo que, afinal, tem seu pensamento fixo, tão fixo quanto nossa dívida. Já dizia um colega nosso, "mais vale acender uma vela do que clamar contra a escuridão". E nós estamos na escuridão e todo mundo com e sem barba reclamando sem parar. Eu tenho a vela, mas ninguém quer acender. Acho que é por causa do pavio que o pessoal hesita, pois há pavios e pavios, uns torcidos para a direita e outros para a esquerda. Assim, na dúvida, ninguém acende e continuamos no escuro. O caso é que a Memória Nacional existe e todo mundo quer conhecê-la e a conseqüência foi a criação de uma nova espécie de bípede nacional: o turista.

— Tur o quê?

— A palavra veio do francês, que diz *tourner*, fazer a volta, passou pelo inglês que diz *tourist*, acabou se internacionalizando e chegou aqui como "turista". Mas, Miró, quero que você entenda que o realmente importante é o turista nacional, que devia deixar em paz os outros países e conhecer as belezas do Brasil. É isto que está ligado à Memória Nacional, pois foi pela divulgação de nossas preciosidades históricas que se criou a estrutura do turismo cultural, e não apenas o turismo-lazer.

– Responda patrão, é lazer ou saber? Pois tem também o Lázaro!

– Miró, Miró, não abuse com este troca-troca! Explico: com o correr do tempo e esta loucura de ter cada vez mais gente, o turista passou a ser uma espécie de "carne para canhão", um pato para ser assado e comido. É uma ave esperada com gula pelos comerciantes, que suspiram pelas férias que os trazem aos milhares. Você sabe que o brasileiro não vai até à esquina sem comprar alguma coisa. Não se contém. Certa vez encontrei num hotel de Itajaí, SC, dois casais que num auto *iam* para a Argentina. Já estavam com o carro cheio de coisas, antes de chegar a Buenos Aires, a meca das compras brasileiras.

– Mas por que esta mania de comprar sempre?

– Pode ser uma reminiscência do tempo em que só prestava o que era estrangeiro, antes do Milagre. Mas acho que é uma liberalidade característica da alma brasileira, que vem dos tempos coloniais e da fidalguia na recepção aos hóspedes. Ele não pode ver tanto artesanato e tanta loja sem comprar, fazendo a felicidade de todo mundo, principalmente da malandragem que o embrulha. Assim, Miró, o turista é a mola de uma engrenagem onde predomina a publicidade que desencadeia as viagens, os objetivos, hotéis, enfim todos os dentes da roda dessa gigantesca máquina. Ele é puxado para todos os lados, aqui mesmo no Brasil, para ir para o Sul, o Nordeste, o Norte, a Amazônia, o Pantanal e por aí afora. Também os países estrangeiros o cercam de todos os lados. É de fato um pato para ser comido. Neste meio tempo se diverte e se enche de uma cultura rápida que deixa vagas recordações das férias. Este é o turista padrão. Porque há outros tipos de turista.

– Então, mestre, há patos de várias qualidades, alguns são menos turistas do que outros?

– Caro Miró, eu, que amo este país e sempre viajei por aqui mesmo, senti bem na pele esta transformação. Conheço o Brasil antigo, este interior simples e delicioso de pequenos hotéis com refeições. Hoje este tipo está quase desaparecido, é o tal de só café da manhã e vire-se. Uma pena, Miró, o Brasil autêntico e puro está desaparecendo, somente com muita argúcia e prática consigo viajar sem ser o tal turista padrão, o habitual pato. Esta pressão demográfica turística vai expulsando a gente dos belos lugares. O mesmo faz o progresso para atender a este crescimento descomunal. Sabe, Miró, certa vez fiz uma viagem pelas cachoeiras do Estado de São Paulo que hoje não existem mais. Ouça bem: Avanhandava, Itapura, Urubupungá, Marimbondo, dos Patos, Cachoeira dos Índios ao que posso acrescentar Cachoeira Dourada e Canal de São Simão em Goiás, Paulo Afonso antes da usina e Sete Quedas, a última. Miró, você não viu nada disso e minhas maravilhosas lembranças não podem hoje ser igualadas. É frase feita: "o preço do progresso"; eu acho que é o preço do "pogresso", como diz o povão inculto que está pagando este preço enquanto fabrica filhos sem parar, com as bênçãos da Igreja.

– Então você conhece todo o Brasil?

– Acho, Miró, que o conheço como poucos. Tinha a mania de cismar com um nome de cidade e lá ia ver como era. Certa vez fiz isto com Belmonte, na foz do rio Jequitinhonha, na Bahia. Fui com um amigo. O acesso era só por avião, os tais C-47 chamados DC-3. Não havia estradas e havia raros automóveis. A praia ficava a 5 km e eu ia para lá com o carro do homem do aeroporto às 5 da manhã. O único hotel era tão horrível em matéria de WC que eu o substituía pela longa praia sem vivalma, onde eu ficava nu e meu amigo, não ousando, só abaixava o calção. Vá você ficar hoje nu numa praia qualquer, sai pancadaria; a não ser que seja mesmo uma mulher bonita, aí sai é asfixia por tanta gente amontoada para ver o espetáculo inédito. Éramos só nós e Deus. Tudo isto é como história do tempo dos índios de um Brasil vazio. Não faz muito tempo cismei com a cidade de São Romão, cujo belo nome antigo foi, ouça bem Miró: Vila Risonha de Santo Antonio da Manga de São Romão, à beira do rio São Francisco, o velho e querido Chico, 100 km abaixo de Pirapora, MG. Passei 11 dias num pequeno hotel com excelente comida. Lá li um livro maravilhoso sobre a Guerra dos Boers na África que, sendo em inglês, me fez logo personagem na pequena cidade. Mosca em penca, calor de rachar, mas sempre o querido Brasil e o grande rio que passava silencioso em direção ao mar. O que daria para voltar, não fossem os barbeiros, os transmissores da Moléstia de Chagas da qual falaremos mais adiante! Este, para mim, é o verdadeiro viajante brasileiro, que não é turista, apenas o autêntico interessado em conhecer seu país. Você ouviu falar num Rio Quente?

– O quê! Rio com água quente, isto existe?

– Pois é, parece incrível, mas existe em Goiás, perto da cidade de Caldas Novas, onde até a água de torneira é quente. O tal rio nasce de uma porção de fendas de pedras, na base de uma montanha, possivelmente antigo vulcão. Água quente no duro e tanta que forma um rio bem regular. Lá fizeram uma Pousada – Pousada do Rio Quente. Foi há 14 anos que estive lá pela primeira vez. Havia acabado de publicar meu primeiro livro. Pouquíssima gente, todos amigos; ia-se para as várias piscinas e, dentro da água quente, era aquele papo com gente culta e de variados conhecimentos. Fiz excelentes amizades que serão eternas. Conheci políticos e pessoas interessantes; voltava todos os anos, até há 2 anos atrás quando a Pousada entrou na engrenagem do turismo. Para mim, acabou-se. Prefiro a lembrança à realidade de uma exploração comercial da massa de turistas anônimos presos na engrenagem do lazer programado. Com que saudades explico a você a marcha deste aspecto do Brasil! Destas andanças do Amazonas ao Chuí, de verdade; poderia contar tanta coisa! Vou historiar mais uma que mostra o fim do antigo e a dura realidade do presente. Fui à cidade de Pirenópolis, GO, fundada em 1732. Dela falei muito nos meus livros sobre a Arte Sacra. Cidade das famosas cavalhadas da festa do Divino, com milhares de turistas. Não apareceria por lá, na ocasião, por dinheiro nenhum, seria deglutido e não gosto disso. Fui em época serena. Sem hotéis com apartamento, descobri uma casa de hóspedes onde havia um quarto com banheiro, coisa rudimentar, mas limpa. Era um grande espaço que foi dividido por parede alta sem alcançar o teto. Um quarto na frente e o nosso. Num fim de semana dois motoqueiros com acompanhantes ocupam o tal quarto. Gente sossegada, sem problemas. De noite senti o cheiro de uma fumaça estranha: os danados fumavam maconha. Era o Brasil moderno que chegava. Saímos no dia seguinte. Adeus Pirenópolis junto ao rio das Almas com suas belas e antigas igrejas! E mais não conto, Miró, porque vejo que está pestanejando, não sei se de inveja ou sono. Mas acorde e continuemos nossa conversa. Você sabe o que é hotel de 5 estrelas?

– Uai! Então hotel tem estrelas?

– Sossega que não é astronomia, é hotel de luxo. Eles são classificados pela máquina do turismo por estrelas, de 1 a 5. Os meus hotéis não têm estrela nenhuma, só a família do dono. Mas os 5 estrelas são de alto luxo e para o bico do pessoal que quer e pode gastar. Existem em todo mundo, até em cadeia, como alguns brasileiros, americanos e franceses, nos principais pontos turísticos. Você pode viajar pelo Brasil e até pelo mundo praticamente sem sair de casa, pois nestes hotéis há de tudo: lojas, vários restaurantes, piscinas e um serviço que chamam internacional. Para mim, este não é turismo de conhecimento, vá onde vá você está sempre com o mesmo tipo de gente, o mesmo tratamento e com um esvaziamento de carteira que é de arrepiar. Nestes 5 estrelas não entre, Miró, prefira o velho e bom chão brasileiro, garanto que não vai morrer de fome, verá muito mais coisas e se sentirá brasileiro como eu me sinto até à medula. Isto é tudo o que posso contar a você do turismo. Reafirmo que não sou e nunca serei um turista, ainda que me chamem assim. Sou um viajante que se delicia com as belezas do Brasil.

– Infelizmente o Brasil verdadeiro tem seus perigos.

— Assaltantes?

— Não, Miró, por lá ainda se dorme tranqüilo, eles não chegaram lá. Estão onde encontram apoio para seus D. H. e onde o trabalho rende barbaridade como dizem no Sul.

— Então o que sombreia este Brasil que você descreveu como um velho piegas?

— Ah, Miró, se você soubesse o que é barbeiro!

— Barbeiro, ora essa, você já contou que foi ao barbeiro cortar cabelo!

— Antes fosse só isto! Barbeiro, Miró, é um bichinho que transmite uma doença que está abreviando a vida de milhões de brasileiros.

— Então por que se chama barbeiro, se não faz a barba?

— Estes bichos que os sábios chamam de *Triatomídios*, com várias espécie (o principal é o *Triatoma sordida*) vivem de chupar o sangue dos outros, coisa assim como agiotas, imposto de renda, banco e milhares de variações que chupam o sangue indiretamente através da carteira. Este bichinho não é dissimulado, coitado, vai direto na casa do homem que dorme e pica na barba. Você sabe que nosso caipira tem barba rala, sabe como é, não é do contra e assim não quer nem pode encher a cabeça de pêlo com lugar só para os olhos, o nariz e a boca. Neste caso, por sorte as orelhas ficam de fora, pois Deus fez o tal pavilhão (da orelha) grande por causa dessa pelugem toda. Vai daí que o tal bicho pica o dorminhoco (sempre de noite, no Brasil verdadeiro não se dorme de dia). Acontece que por má educação o danado do bicho enquanto pica o fulano e lhe chupa o sangue defeca na cara, o desgraçado.

— Interrompo porque acho isto o cúmulo do desaforo!

— Bem, Miró, talvez você tenha razão, mas o que andam fazendo por aí não é muito diferente, é por isso que estamos neste sufoco. Mas *nevermainde* como diz o burróide, vamos adiante. De barriga cheia o bicho vai-se embora. Mas o estrago não está no pouco sangue que ele chupa (temos 5 litros à disposição) é nas fezes que ele deixa, pois lá está o germe da doença fatal e sem cura chamada Moléstia de Chagas.

— Por quê? O bicho faz chagas?

— Ora, Miró, que falta de imaginação! É homenagem ao descobridor de toda esta embrulhada, um grande médico (não médico grande como eu) chamado Carlos Chagas, que mostrou ao mundo o agente da doença, o *Trypanosoma cruzi*. Agora pare de perguntar e não interrompa! Acontece que o tal dorminhoco, por causa da picada coça o rosto, mesmo dormindo, espalhando as tais fezes, e no dia seguinte faz a barba e aí o parasita das fezes entra no corpo e se instala confortavelmente no coração; no fim de alguns ou muito anos, se o cara não veio ao Rio foi assaltado e morto, morre pacificamente no "leito de morte" como se costuma dizer (mas mais cedo do que devia). Outra versão do nome barbeiro é que na picada sempre sai um pouco de sangue, é como os barbeiros de más navalhas acabam sangrando o freguês, por isso ele também ficou com o nome de barbeiro. É, assim, barbeiro duas vezes, o que já é uma grande vantagem sobre o "barbeiro", xingo comum nas grandes cidades sobretudo quando um colega elogia as mulheres ou velhos que guiam automóvel (isto quando não terminam com elogios delicados às mãezinhas). Bem, tudo isto é ciência e para você, "história para boi dormir". Mas há um porém gravíssimo. O tal barbeiro existe por este interior do Brasil, sobretudo no Centro-Sul e Centro-Oeste, os estados de Minas e Goiás, justamente onde mais gosto de ir nas minhas viagens. Em São Romão, onde passei 11 dias, soube que quase todas as casas tinham este tal barbeiro, o que me alarmou e me fez dormir de luz acesa (o bandido só transa no escuro). Depois fiz um exame de sangue para ver se me tinham feito a barba, mas foi negativo. Vai daí que onde mais quero ir no interior do Brasil esbarro com este perigo de tirar o sono. Quanto mais primitivo o lugar, mais barbeiro e menos barbearias. Agora, em pequenas cidades com boas casas forradas não há perigo. Mas embora o bicho viva geralmente em taperas e casas velhas cheias de buracos na parede e sem forro, o danado voa e, assim, nunca se sabe para onde vai. O governo combate com uma honesta e eficiente organização chamada Sucam. Tenho encontrado por toda parte onde vou um papel pregado atrás da porta, onde assinam o ponto periodicamente protegendo os brasileiros tanto da Moléstia de Chagas como da febre amarela e da malária, o castigo que o destino deu ao Brasil Central.

– Por que castigo?

– Sabe, Miró, repito que se paga por tudo que se faz. O bicho sempre existiu antes de ser barbeiro. Chupava o sangue dos animais e aves da floresta e não se interessava pelo homem. Este, sempre ganancioso e procriador, matou os animais e cortou o mato e, assim, sumiu a alimentação dos bichinhos. O remédio foi mudar para as povoações e lá se instalar nas taperas.

— Tapé o quê?

— Miró, o discurso estava tão bonito e você interrompe! Tapera é casa velha, meio arruinada, cheia de buracos, onde vive gente muito pobre que é a miséria do Brasil grande. Na nova habitação também mudaram de profissão e se tornaram os terríveis barbeiros. Fizeram exatamente como milhões de brasileiros que abandonaram o interior para vida melhor nas grandes cidades e moram hoje nas favelas que são o equivalente das taperas de barro do interior. Também mudaram de profissão e você sabe bem o que acontece quando uns poucos descem do morro. Vê você que quem não tem cão caça com gato e, para azar e castigo nosso, o bicho se civilizou "fazendo a barba" da nossa saúde. Mas para que o centro do Brasil não ficasse com este privilégio, o litoral, sobretudo a Bahia, logo protestou e instalou uma doença própria, da casa, chama *Schistosomose*, causada também por um parasita, chamado *Schistosoma mansoni*. Aqui a coisa é mais limpa, o barbeiro mora em buracos, fendas e telhados das taperas, mas o da Costa é de etiqueta, é o caramujo que vive nas águas paradas. Decanta em prosa e verso, a Lagoa do Abaeté esconde em suas águas escuras este inocente caramujo que também mata milhões a longo prazo.

— Por que só na Costa Norte, as velhas e graciosas cidades que estão no goto (dicionário= agrado, simpatia) de todos os brasileiros que sonham sobretudo com as baianas e o que se diz que elas têm?

— Como sempre, Miró, o castigo tarda, mas chega. Vieram os escravos da África, e com eles veio a doença. Os caramujos, legítimos nacionais, encontraram nas fezes dos negros o que queriam e o que não queriam; e assim, eles passaram a fazer parte de uma quadrilha que acaba com os intestinos e sobretudo com o fígado dos pobres brasileiros. (Um médico de Maceió me disse certa vez que quem come bem não tem *Schistosomose*; se for verdade você vê que deve ser doença muito rara.) O certo, Miró, é que o tal caramujo infestado pelo fulano *mansoni* anda pelo Brasil afora, pois me diga onde é que não tem nordestino. Em São Paulo, no vale do Rio Paraíba já é encontro comum. É isso aí, Miró, não há fogo sem fumaça, nem alegria sem sobressalto.

Você sabe, Miró, que eu gosto muito de antiguidades, mas exclusivamente brasileiras. Se não posso encher a casa dessas maravilhas, estou livre para encher os olhos e, com este objetivo em mente, tenho andado por lugares incríveis. Numa dessas viagens fui parar na cidade chamada São Roque de Minas que, naquela reforma do tempo do Getúlio, quando acabaram com os nomes iguais das cidades ficando dona do nome a mais velha, perdeu a parada para o São Roque de São Paulo e foi chamada de Guia Lopes (sabe, aquele da Guerra do Paraguai, parece que apesar de Lopes guiou a turma para acabar com o Lopez do lado de lá). Acontece, sempre acontece alguma coisa, a cidade por isso ou por aquilo começou a dar pra trás (hoje se diz "recessão") e logo culparam o citado Guia Lopes. Vai daí, guia e não guia, conseguiram voltar para o nome antigo acrescido de "de Minas", e tudo acabou bem. Esta cidade fica ao pé da Serra da Canastra, e do alto da serra, de uma grande altura, caem as jovens águas do Chiquinho, ainda menino. Lá em cima, na chapada, está o Parque Nacional da Serra da Canastra, que, como as terras não foram pagas, é só meio parque e por isso a turma põe fogo no capim (só tem capim) todos os anos para os bois comerem o broto suculento. Partindo de São Roque, subindo a serra e passando ao longo da chapada, vai-se até a cidade de Sacramento, ainda em Minas. Pois lá no meio, abandonado, está o que restou da cidade de Desemboque, cujo progresso se deveu à busca de diamantes. Tem algumas casas e duas grandes igrejas completamente peladas. Nesta chapada nasce o Rio São Francisco e *eu vi* a nascente e fio d'água que dá no grande rio. Não é uma emoção inesquecível? Com barbeiro e tudo, agora que sabemos com quem lidar, tomando precauções, o Brasil vale a pena. Esta maravilhosa serra foi inspiração para boa literatura: *Chapadão do Bugre*, o livro de Mario Palmério é tão bom como as estórias de Guimarães Rosa, este o rei das Gerais, da zona de São Romão. Leia esta obra e imagine-se nesta chapada mineira cheia de grotas para sentir esta parte escondida do Brasil. Disse isto, Miró, pois não quero que você pense que tudo é ruim, miséria e doença. Se pesarmos as coisas, há sem dúvida um saldo positivo para aqueles que amam verdadeiramente este País, estejam onde estiverem. Hoje, o conselho que posso dar a você é: olho nas águas paradas no Brasil quente, de São Paulo para cima. O caramujo pode estar à espreita. Olho também nos barbeiros, escolha onde pousar, que nada acontecerá. Informe-se sobre febre amarela, que anda pela bacia do Tocantins, a vacina previne e livra do perigo. Pergunte sobre a malária e, se houver, não esqueça os comprimidos. O resto é gozar, conversar e sobretudo ouvir as prosas inconseqüentes. Apreciar a paisagem, o silêncio, os rios ainda limpos e sem esgotos, os pássaros, que tudo isto é Brasil.

– O que é isso, mestre, você está patriótico, ufanista?

– Miró, se você ouvisse como eu o barulho dessa escavadeira infernal trabalhando o dia inteiro para fazer a garagem do prédio aqui da frente, você fugiria com o pensamento, até os Mares do Sul. Sou mesmo amigo de meu país; se quiser, patriótico, palavra feia na boca de uma minoria que quer impor suas idéias e nem fala direito português, estranjas que apesar de tudo o que para eles é preciso mudar, estão gordinhos e bem alegrinhos. Você pode encarar o Patriotismo de dois ângulos, o cretino, que tem uma venda de uma cor só nos olhos ou vê tudo preto ou branco, e o patriotismo verdadeiro dos brasileiros que zelam pelo seu país enxergando o bom, e quando vêm o mal não só dão a receita como trabalham para consertar as coisas tortas. É o negócio de acender a vela que já contei. Pichar só e criticar para acabar tudo sem pôr nada no lugar dá Ibope, pelo barulho, mas não engana ninguém. É cômodo, sem dúvida, mas esta atitude tem endereço certo que não é o interesse do Brasil nem dos D. H. Não esqueça disso, Miró, quando ler, ouvir ou vir este tipo de coisa. Desconfie dessa gente. Agora, atrás do sentimento de patriotismo criativo e puro vem o rebotalho que fez até escola para manobrar as massas. É o patriotismo exaltado em conflitos entre nações, quando alguns querem a guerra, ou quando há interesse em quebra-quebra, ou quando, quando, enfim é a função do alto-falante que semeia, contagia e colhe.

– Colhe o que, feijão?

– Pelo contrário, Miró, plantam para colher a confusão, coisa velha e sabida, a tal "pescaria em águas turvas". Às vezes colhem o que queriam e outras vezes o que não queriam. Lembra-se da pantomima na Argentina, na Guerra das Ilhas Falkland ou Malvinas. Foi tudo plantado e soprado, exaltando o patriotismo do povo; no final deixou a turma sem saber o porquê do que disse e do que fez.

Caro Miró, assisti hoje você matar um ratão; invadiu sua área e você não perdoou, defendeu-se com hombridade e perfeição. Nunca vi tanta agilidade e responsabilidade. Seria um exemplo e tanto, fossem os cachorros entendidos e imitados. Acho que agora está pronto para conversarmos sobre a boa terra do Brasil. Só paisagem e a terra como Deus as fez não é suficiente hoje em dia. É preciso, para que possamos sobreviver, trabalhar essa boa terra. Sempre fui um fã das árvores e florestas. Criei-me entre as árvores e tenho, por isso, grande amor por elas. Estou sempre diante do dilema de justificar ou não a derrubada de florestas. Mas tenho que reconhecer que não se pode cultivar a terra e colher alimentos sem derrubá-las. É um determinismo inevitável para a sobrevida.

– Então como é que você pode fazer as duas coisas ao mesmo tempo?

– Veja, Miró, é certo que não se pode acender uma vela a Deus e outra ao Diabo. Mas pode-se dar um jeito, como sempre se fez no Brasil. O famoso Norte do Paraná era uma luxuriante floresta numa terra fértil, a famosa terra roxa. Conheci esta região logo no começo da penetração do café, a grande cultura da época, sei do caso de um pioneiro, que cheio de entusiasmo pela fábula do Norte do Paraná, abriu uma pequena fazenda no meio da mata, perto de Londrina. Era tudo uma floresta imensa, não se podia ver bem a topografia. Teve azar, como se viu mais tarde, comprou terras baixas e acabou ficando, pela localização, com um ninho de geada. Com o plantio do café apanhou até desistir com tanta geada e tanta esperança perdida. Hoje, contou-me o velho fazendeiro, o que para o café foi um desastre que quase o arruinou, a fazenda tornou-se um sucesso com a cultura de grãos e criação pois tem água em abundância, o que compensou largamente sua paciência e perseverança. Mas esta fazendola tem ¼ de sua área em floresta ainda virgem. Sabe, Miró, o Brasil é um país engraçado, depois que tudo foi desmatado, com alguma floresta conservada pela iniciativa de alguns idealistas, fizeram uma lei florestal que proíbe o corte de qualquer mato. Assim, o velho fazendeiro em vez de ser premiado pela conservação da mata, foi castigado, pois nesta área conservada, por lei, não pode mexer. É, Miró, este mundo é dos espertos e dos que sabem que o dólar vai subir. Os que desmataram tudo, hoje lavam-se em água de rosas no bem-bom do aproveitamento total das terras. Paciência, Miró, é o homem, o ser imperfeito de sempre.

– Como era a lavoura de antigamente?
– Nisto posso testemunhar. Em São Paulo era tudo café a perder de vista, ainda menino de ginásio alcancei floresta de perobeiras enormes em Catanduva, SP, depois também

derrubada para os cafezais. Não se via outra coisa onde quer que se olhasse. O mesmo vi no Norte do Paraná. Lembro-me da grande geada de 1942 e do trem parado na estação de Leoflora. Cafeeiros de 3 metros de altura junto dos trilhos da estrada de ferro, secos pela geada, uma judiação. Desde esta época o homem lutou com a natureza, até que se convenceu, finalmente, que o café não era para esta zona. Finalmente criou juízo e planta café onde não dá geada, mais ao norte. Hoje, Miró, visitar aquela região dá gosto, é como um passeio nas nossas feiras livres. É uma festa para os olhos ver tudo verde e amarelo seja de soja e milho e depois do trigo. Um sentimento de abundância e de otimismo para quem vê aquele mar de futuros grãos, que oscila com o vento e vai mudando de cor com a proximidade da colheita. Tudo mecanizado e sem cercas; gozado, não, Miró? Nós que vivemos na cidade com cercas por todos os lados, chegando lá tenho a impressão de estar numa fazenda só. É um sentido de opulência e liberdade. Vá ao Norte do Paraná, Miró, e veja como não estou mentindo.

Assim, Miró, nestes anos todos, mais de meio século, passou-se da floresta nativa para os campos de soja de hoje, e a terra continua a produzir, agora ajudada pelos adubos. No começo, era o fogo que fazia o serviço bruto, as árvores imensas eram derrubadas a machado e depois de algum tempo o fogo limpava a área deixando apenas os enormes troncos de madeira de lei hoje preciosa, rara e cara, abandonados no cafezal. Peroba, pau-marfim, cabreúva em penca enquanto na mata que ia sendo derrubada eu vi pássaros diversos como os pica-paus, tucanos e pombas. Derrubada a mata transplantavam-se os pés de café, enquanto entre as fileiras os colonos plantavam milho, arroz e feijão. Você já sabe o que aconteceu com o café: a natureza imutável dobrou a teimosia do homem. Neste meio tempo a terra ficou limpa, pois as raízes apodreceram, o que tornou o uso do arado possível, coisa impensável no início. Assim, o tempo inexorável transformou o Norte do Paraná de zona exclusivamente cafeeira em uma espécie de celeiro de grãos alimentícios. Hoje é tudo verde, da soja aos canaviais.

– Miró, você já ouviu falar em bóia-fria? Ou em marmiteiro?

– Não, nem em um nem em outro.

– Pois fique sabendo que tanto os primeiros como os segundos são operários que almoçam com suas marmitas, ou melhor, uma refeição levada num recipiente, qualquer que seja, ao local onde trabalham.

– E daí? Que importância tem isto? Pelo que sei todo mundo que trabalha longe de casa faz esta refeição sumária no almoço!

– Bem, é a pura verdade, pois ainda ontem, indo a um escritório no Centro, estranhei ver na copa uma bacia térmica com muitas vasilhas de alumínio que eram dos funcionários, para o almoço. Nos USA o almoço no trabalho não passa de sanduíche e um copo de leite, é o tal *lunch* que nós chamamos lanche. O mesmo vi acontecer na Suécia, faz muitos anos. Não sei o que comem hoje nos países livres da África e da Ásia, mas certamente comem coisa muito melhor do que os sanduíches norte-americanos!

– Mas qual a importância ou valor desses bóias-frias?

— Creio que posso te explicar na base do que vi acontecer na tal fazenda. No começo da plantação, com a derrubada da floresta, passou por lá a turma do machado. Eram operários itinerantes e, portanto, almoçavam no local com suas marmitas. Isto não era novidade para mim, pois quando era criança via os operários da prefeitura no Jardim da Luz, onde morava, almoçando dessa forma e minha mãe não gostava que eu andasse entre eles nesta hora de sossego, o que não acontecia com o cão, o Dick de quem já falamos, que sempre pegava umas sobras. Mas a mão-de-obra para a fazenda de café eram os colonos, o que seriam hoje os operários residentes. Tinham casas de madeira de tamanho razoável, água próxima, uma bela nascente de água em frente das casas e terra de quintal para sua criação. Eram casas próximas, em fila, o que se chamava "colônia". Este tipo de trabalhador rural, além de indispensável para a lavoura manual da época, tinha que trabalhar o ano todo, pois o mato numa terra recém desbravada era de crescimento rápido, exigindo capinas sucessivas, se não tomava conta de tudo. Havia, assim, as famílias de colonos que vieram substituir os escravos; geralmente os imigrantes. O trabalho não era como hoje, era de sol a sol e cheguei a ouvir o sino tocar às 5 horas da manhã pela mão do capataz.

— E tinha muito automóvel por lá?

— Que nada, Miró, era tudo a pé e tração animal, até a distante estrada de ferro. Cheguei a andar de jardineira.

— O que tem jardim a ver com fazenda?

— Você não sabe mesmo, foram os primeiros ônibus com este nome, pareciam bondes motorizados e hoje, se existirem, estão em museus. Os anos passaram e o café acabou, o País evoluiu, ou melhor, o mundo motorizou-se. Juscelino fez Brasília e iniciou o tal Milagre com a nossa indústria automobilística. As coisas se cruzaram, transporte cada vez mais fácil e desaparecimento do trabalho nas lavouras de café. Mesmo que houvesse trabalho na fazenda, quem iria querer viver em condições primitivas, com luz de querosene, sem rádio, sem cinema e agora sem televisão? Resultou a mudança de toda essa gente para as cidades onde podiam viver com um trabalho diversificado e se divertindo. As fazendas, decadentes, se transformaram aos poucos em lavouras de grãos, tudo mecanizado e com pouca necessidade de mão-de-obra, só necessária ocasionalmente em trabalho que a máquina não pode fazer. Nestas ocasiões, esta mão-de-obra ocasional é recrutada nas cidades por um agenciador, e com transporte de ida e volta para trabalhar nas fazendas. Estes são os famosos bóias-frias dos jornais e debates pré-eleitorais de nossos dias. (Depois das eleições cai-se na fraca memória do povo e nenhuma dos politiqueiros, sobretudo se eleitos.) Acontece hoje exatamente como acontecia com os operários da prefeitura na década de 10-20 em São Paulo, e com os operários de fábricas que em época de interesse político foram rotulados de marmiteiros, os empregados de escritório de hoje e os ricos americanos de Nova York ou os suecos de Estocolmo. Para dramatizar a classe dos bóias-frias noticiou-se que não podiam aquecer suas marmitas para não pôr fogo no campo. É evidente que esta notícia interessa a quem quer pôr fogo no circo em que vivemos.

– E o transporte?

– Bem, Miró, o transporte é evidente que vai da cidade à fazenda. Passa por estrada de asfalto e de terra. Aqui outro elemento de exploração política e também de evolução social. A princípio em caminhão, que de vez em quando sofria acidente com mortes. Isto você sabe que não acontece com automóveis das grandes cidades nem com os ônibus modernos! Era só com os bóias-frias. Aí veio a legislação rigorosa e eles passaram a viajar de ônibus. Lógico que não iam ser ônibus novos, apenas os calhambeques inservíveis na cidade, mas úteis para o campo. Estes também se acidentam, agora porque são velhos. Ninguém se lembra que a falha humana e a loucura dos motoristas são fenômeno universal, no caso dos bóias-frias não se menciona nada disso (a culpa é do governo e do regime). E assim vamos tocando na banda de música desafinada da nossa democracia. Agora você, que é um cachorro de categoria, que julgue. Para mim tudo não passa de uma evolução socioeconômica ao longo do tempo, pois tudo está interligado na sociedade moderna. Como no caso do crime, você que é vivo, pode responder a esta pergunta: a quem interessa a questão criada dos bóias-frias? E saberá a simples verdade. Mas caro Miró, não se pode viver nas delícias da fazenda com o silêncio humano, ouvindo só o som da natureza, pios de pássaros, mugido de gado, sussurro do vento, pensando no tempo, na chuva, na seca, entregue à magia e à ditadura da natureza nem sempre generosa e boa (que o digam os que sofreram as inundações do Sul e os que definham na seca do Nordeste). Temos que viver na megalópolis, acordar cedo com o ronco anônimo da cidade, o trator da frente, o movimento da rua, o ônibus que desce acelerado, enfim a infernal e adorada cidade! Assim, faço esta pergunta muito polêmica...

— Polenta?

— Não, Miró, polenta era comida de italiano pobre, foi o angu de farinha de milho dos escravos. Hoje faz parte do trivial variado e acompanha o churrasco. Como o bacalhau, subiu de categoria da massa para a elite. A pergunta é polêmica, isto é, controvertida, ou melhor, uns acham assim outros assado. Você sabe ler?

— Ora, patrãozinho, está me arreliando! Cachorro não lê livro, mas eu sei ler seu pensamento e vejo nesta pergunta muita malícia.

— É aí que entra a tal polêmica. Bem, apesar dos jornais, do futebol, dos meios de comunicação, hoje é menos freqüente o analfabetismo.

— Você falou futebol? Não entendi!

— Entendeu sim, porque você é sabido; no jogo não tem uma bola só? Esta bola não vai para lá e para cá, um adversário procurando pôr a bola no gol do outro? É o que se faz nos tais meios de comunicação. Dois times, esquerda e direita, jogadores às dúzias de cada lado. A bola, para ser neutra, é preta e branca em partes iguais, e representa o interesse também claro ou escuro; o juiz pode ser imparcial ou ladrão. Já a assistência também se divide entre poleiro e arquipoleiro. O juiz também tem dois auxiliares, um à esquerda, outro à direita do campo, isto dependendo se você olha do lado do gol da direita ou da esquerda. Tudo é dividido, menos a bola, fica no "pra lá e pra cá" do anúncio da moça bonita. Se isto não é o futebol de nossa vida pública, Miró, eu sou mesmo um simples e ingênuo torcedor de jogo de várzea (isto quando havia várzea em São Paulo). No caso da leitura também estamos divididos como no futebol. Há uma maioria que é culta, pois lê coisa já pronta como revistas em quadrinhos, enfim vê muitas figuras e lê pouco. É sem dúvida instrutivo e divertido, não posso negar, pois é a literatura mais vendida no Brasil. É uma delícia, pois você não faz força nenhuma, é só virar a página e passa o cinema da vida da nação e do mundo em perfeitas cores e poucas letras. O apressado lê tudo em uma hora. Tem a vantagem de ser semanal, de modo que se fica sempre atualizado. Mas também de se conservarem, sendo aproveitadas em consultórios, barbearias, salões de beleza e outras salas de espera, quando os donos são pães-duros ou estão em decadência. Os prósperos compram sempre as últimas. Eu, por exemplo, aproveito para me ilustrar quando corto as melenas ou quando, nervoso, vou ao dentista. E como me ilustro! As revistas têm a vantagem sobre os jornais que são as figuras, mas os jornais têm a vantagem de usar letras miúdas; escrevem muito, mas permitem que alguns leiam só as entrelinhas (o suco secreto), que outros leiam só o que eles já sabiam, mas está escrito de outra forma; outros ainda lêem tudo e não entendem nada e outros, não vendo o que querem, passam os olhos para ver se não morreu o inimigo ou se não começou a guerra atômica. Agora, os aflitos, que querem entender o que se passa, lêem vários jornais, e, se persistirem, podem-se encaminhar para o lugar onde tudo que se fala ou faz é aceito com filosofia pelos guardas, o hospício. Mas o jornal é de uma utilidade muito maior. Não concordo com Marlon Brando, que dizia que "só servem para espantar cachorro", pois você sabe, Miró, que sempre respeitei seus D. C. (direitos caninos) e nunca, nunca mesmo, ameacei você sequer com um dedo, quanto mais com jornal. O que sei é que o jornal vem todos os dias e depois some, o que quer dizer que é muito usado depois de morto (o jornal vive só um dia, ao contrário da revista). Agora, se você for pão-duro pode ganhar uns trocados vendendo como jornal velho, cujo destino desconheço. A outra categoria dos que sabem ler é a dos cultos que lêem livros.

— O que é livro?

— Agora você me pegou novamente, Miró; como vou explicar para cachorro o que é um livro? Poderia dizer que é um jornal de uma só notícia e assinada (autor), com páginas pequenas, encadernado, e que em vez de ter um dia de vida útil, é eterno.

— Eterno? Eterno é o Pai, não se diz "Padre Eterno"?

— Bem, Miró, já expliquei o que é força de expressão e não vou repetir. De eterno mesmo só tem o "Padre Eterno", o resto é tudo perecível; é o tal negócio, "do pó vieste e para o pó hás de voltar", naturalmente menos os anéis, brincos e dentes de ouro que uma turminha sabida andou recolhendo nos cemitérios. O exemplo mais antigo que conheço é o da famosa Biblioteca de Alexandria, uma das sete maravilhas do mundo (antes da Marilyn Monroe) com toda a sabedoria do mundo antigo, que o fogo destruiu. Mas sem a menor dúvida o livro é eterno se comparado às revistas e jornais. Ele tem certa importância moral, de modo que o pessoal tem vergonha de jogar fora, no lixo.

— É por isso que você vive rabiscando em papel branco e depois suando o dobro para publicar? Isto é que é livro?

— São os meus livros, coisa de menor importância, porque saiba que os livros, como os cachorros, vão do vira-lata comum ao de raça exclusiva só para poucos.

— E os seus, em que classe estão?

— Sabe, Miró, o escritor, como aliás todo mundo, quando faz alguma coisa acha que o dele é o melhor, é a tal de "pai coruja" que acha o filho dele o melhor do mundo (se for realmente dele). Se o escritor não fosse coruja seria cretino ou de falsa modéstia. Como escrever um livro e achar que não presta? Só burro que faz isso. A gente em tudo que faz dá o melhor de si, os que lêem é que podem julgar pelo método do bom gosto, da cultura acumulada e pela comparação. Assim, como você para mim é o melhor cachorro do mundo (opinião divergente aqui em casa), os meus livros são para mim os melhores, o resto pertence a quem os lê.

— E a crítica, não vale como opinião sobre o livro?

— Ah, Miró, se você soubesse o que é crítica neste mundo dos livros não faria esta pergunta. Para começar, os livros são muitos e os críticos poucos. Não podem ler todos. O resto é o negócio do futebol, ao que se pode acrescentar os que não vão ao jogo nem assistem na TV. Mas sabe, Miró, este assunto é perigoso, pois se caio na boca de um deles, corro sério perigo, nunca se sabe, o melhor é mudar de conversa. É verdade que andei tirando alguns honrosos prêmios, mas recolho-me à minha modéstia e fico até acanhado de contar isto. Sabe quanto ganhei em seis meses pelos direitos autorais do livro que ganhou o cobiçado prêmio Jabuti? Pasme, Miró, 2.619 cruzeiros, o preço de um sanduíche, isto é, de meio, porque já ouvi o rosnar do leão do IR.

— Eu vejo você escrever há vários anos, lidar com essas imagens que enchem a casa, e pergunto como o repórter dos tais shows, "valeu a pena"?

— Ora, Miró, não seja vulgar. Sabe que os jornais e revistas têm uma tiragem de centenas de milhares; já o livro quando é peludo consegue os 3.000 (que os editores acham ser o número mínimo para o custo ser razoável). Como vê, não vou comentar que, num país de 124 milhões de habitantes, com dezenas de universidades e escolas de primeira ordem até o Mobral, o felizardo que se livra da edição de 3.000 exemplares se sinta um vencedor. Sabe, não convém desenvolver o assunto, pois estamos em recessão, manda quem pode e quem não pode, dívidas e mais dívidas e, assim, não quero piorar as coisas com minha opinião. Você pode julgar com sua sabedoria.

— Mas mestre, como é que ouço falar em discos de ouro e de platina de nossos artistas populares? Sabe você que um disco custa tanto quanto um bom livro e que se vendem às centenas de milhares por todo o Brasil?

— Ora, Miró, tire você mesmo suas conclusões porque eu só posso concluir que o brasileiro pode ser analfabeto, mas não é, de forma alguma, surdo, o que se prova quando, com toda esta crise, compra tantos discos.

— Mas pelo menos, mestre, você deve ter ganho muito dinheiro?

Filosofando com o "Miró"

– Caro Miró, esta sua pergunta é de agradecer, pois me dá oportunidade de um desabafo.
– Bafo de que, de onça?
– Miró, Miró, desabafo quer dizer aliviar a alma, dizer o que está preso dentro da gente, é como na gíria de diz: "botar a boca no trombone". Para escrever meus livros de arte gastei tempo, dinheiro em penca com viagens, fotografias, hotéis, gasolina, pneus, avião e por aí afora, sem falar em papel e datilógrafa. Exclui-se por natural o suor e peregrinação para conseguir publicar. Acho que até você já percebeu quanto custa tudo isto que fica atrás de um livro que está na sua frente. Pois bem, isto tudo para o Governo não é despesa, é burrice de quem escreve os livros de arte. Sabe, Miró, aqui no Brasil, apesar do nacionalismo da maioria, imita-se os estranjas. Lá fora, qualquer livro bom é vendido aos milhares e milhões e dá um dinheiro grosso para quem os escreve. A conclusão para o governo (vulgo imposto de renda) é óbvia, se lá o fulano ganha assim tanto, o escritor brasileiro também ganha, logo é contribuinte e tem que pagar parte do que ganha. Mas há um porém exclusivamente patrício. Reza a legislação do IR que as despesas podem ser deduzidas somente no exercício da renda. Assim, os imbecis como eu, trabalham anos na feitura de um livro, lutam para publicá-lo e, lógico, quando ele é vendido a única despesa que teve foi a gasolina, hoje o álcool, para ir buscar um magro cheque. E este, limpinho, você divide fagueiro com o IR. É pena que o governo não leia livros, está na categoria das revistas de quadrinhos e com toda razão julga os outros por si.

— Então os escritores são o quê, se nada ganham?
— Bem, Miró, só há uma resposta. Uma raça de teimosos, porque têm tudo contra eles, não é à toa que no Brasil, tirando livro sobre sexo, romance picante e livro sobre política do lado do coração, o resto é mesmo na base de 3.000 para 124 milhões. Mais não digo, Miró, porque até você já deve estar envergonhado de ser tão ufanista.
— E se alguém me contestar, o que devo dizer?
— Miró, olhe bem para a cara dele e diga: "antes de criticar escreva um livro original sobre a arte brasileira e volte para nova conversa"! Garanto que ele não volta mais! Mas já que estamos falando em livros, Miró, você sabe o que é um historiador?
— Claro, é um contador de histórias!
— Bem, Miró, de certa forma você tem razão, só que são histórias verdadeiras, a História do Brasil, dos demais países e até do homem desde suas origens.
— E você é historiador?
— Sabe, Miró, hoje em dia tudo é especialização. Todas as carreiras são estruturadas na Universidade e lá se formam os historiadores. Ora, eu escrevo sobre história, mas não sou historiador. É como o curandeiro e o médico, sendo certo que os dois curam, dependendo da fé do cliente. Como o bom padre de antigamente, o confessor da realeza e o amparo das famílias, que foi o primeiro psicanalista, já que o ato da confissão é uma psicoterapia que hoje tem a concorrência do psicoterapeuta, do psicólogo e até do sociólogo (sem falar nos curandeiros, é claro), todos ansiosos para cuidar da alma do próximo. Sabe, Miró, se história fosse

medicina já estaria na cadeia há muito tempo por exercício ilegal. Felizmente para mim, aqui não morre ninguém, de modo que estou tranqüilo. Mas quero que saiba que entre os grandes historiadores brasileiros nenhum era formado em história, e um deles, o inglês Suthey, nem pôs os pés no Brasil. Posso citar alguns, como Frei Vicente do Salvador, Capistrano de Abreu, Varhagem – o Visconde de Porto Seguro, Affonso de Escranhole Taunnay (engenheiro) e Alfredo Ellis (advogado), todos do passado, mortos mas vivíssimos na História do Brasil. Foram homens de valor cuja obra forma o alicerce de nossa história. Estes grandes foram portanto autodidatas, isto é, fizeram-se historiadores por si mesmos, sem formação escolástica específica.

– Então você é como eles?

– Antes fosse, Miró, história foi para mim um *hobby*, que você já sabe o que é. Posso, assim, dizer que não sou certamente historiador, mas também não sou burro. Sabe, Miró, tenho uma teoria ou um ponto de vista a este respeito. Para mim a capacidade do ser humano pode ser aprimorada e aplicada com a mesma eficiência em tudo que ele se propuser a fazer. Sua inteligência vem ao mundo com ele mesmo, é um dom constitucional, vem do passado desconhecido.

– Então, mestre, eu poderia ser cachorro de caça, ou ataque?

– Não, Miró, você é um fox, suas aptidões inatas são contra gatos e ratos, sem falar na defesa de seu território agredindo estranhos. Você é pequenino, não poderia atacar como os cães grandes. Os homens são a mesma coisa.

– Se eu caço ratos e gatos, qual é sua capacidade?

– Ora, Miró, eu sou um velho médico-cirurgião e toda a minha vida profissional girou em torno da pesquisa das doenças para extirpar o mal e curar os pacientes. Pesquisei sempre, fui um curioso publicando dezenas e dezenas de trabalhos e cheguei até a pesquisar não só o corpo, como a alma dos homens. Como já disse antes, sempre fui um curioso inveterado.

– Por isso é que você invadiu a área dos historiadores de verdade?

– Bem, Miró, você já viu que da medicina para a história foi só mudar o objetivo da pesquisa, passei do homem como unidade (corpo e alma) para o que o mesmo homem fez no passado que é a base, o alicerce do Brasil, do que somos hoje, em que pese a discordância dos progressistas.

– Então ninguém muda com o tempo?

– Responda, Miró, você acha que em vez de gato e rato você iria caçar perdizes? O homem é o que é do começo ao fim, ele pode vestir diversos disfarces, como o lobo com pele de cordeiro, mas será sempre lobo, isto é, quando a oportunidade se apresentar tira o disfarce e age.

– Onde se pode ver esta sua teoria tão estranha?

– Miró, pode ser estranho para você, mas é pura questão de observar o comportamento do homem em política. Agora está uma ótima oportunidade para dar boas risadas (para não chorar) com a volta da democracia à brasileira, com a oposição em alguns poderes. É só ter boa lembrança de algumas décadas passadas e você logo verá que tenho razão. Todos são do campo de futebol, querem ganhar o jogo, é para isso que usam os mais variados disfarces para ganhar votos e subir à custa de nós, os bobos crédulos.

– Como você sabe tudo isto?

– Ora, é só ler os jornais, nas linhas e nas entrelinhas. Hoje a palavra de ordem são as comunidades de todos os tipos; com ou sem base, elas devem comandar a ação administrativa. Comunidade faz, elege, bota para fora, enfim diverte-se pensando que está mandando. Pura ilusão, está tudo bem arranjadinho para no dia das eleições a rede colher todos os peixinhos que serão comidos pelos peixões. Neste meio tempo vai-se levando, como rolaram nossa dívida até a chegada dos cobradores. Leia os jornais, Miró, pensando no pobre Brasil e você terá surpresas tristes. É o caso do nepotismo.

– O que é esta palavra complicada?

– Você me obriga a explicar para entender; *nepote* em latim quer dizer sobrinho, e "nepotismo" vem do tempo antigo, quando os Papas nomeavam os parentes, os sobrinhos, para cargos importantes no Vaticano. A coisa deve ter sido tão grande que foi criada a palavra. Você vê que os políticos da oposição que vieram para mudar, como dizem, estão realmente mudando para muito melhor sua própria família; são todos bons católicos e sabe, Papa é Papa.

– E nós, então?

– Ora, Miró, pagamos, como sempre aconteceu para quem fica do outro lado da cerca, isto é, ao relento. Como você vê, Miró, sou um historiador mirim, autodidata, justamente por não ser burro e saber ler e escrever. Sou, modestamente, da categoria dos livros e não das histórias em quadrinhos. Mas neste mundo o mais importante é descobrir o mapa da mina, coisa fundamental para os que gostam de pesquisar, como eu.

– Conta, mestre, conta esta história, que estou curioso de saber como furou a barreira dos historiadores da universidade!

– Veja, Miró, depois eu conto o porquê, mas comecei a ajuntar em minha casa imagens de santos encontradas na roça. Cheguei até o número de 960 peças, todas nas estantes do escritório, onde antes havia livros de medicina (estava aposentado). Vai daí, senti que elas olhavam para mim querendo dizer alguma coisa. Não suportando o peso desse olhar cheio de significação, separei-me das imagens com vidros de proteção. Não adiantou, a pressão continuou até que comecei a pensar e procurar entender como o macaco da TV. Era um campo praticamente virgem, pois pouco se escrevera sobre as imagens que existem em todas as partes do Brasil. Eram os primeiros indícios de que descobrira o mapa da mina. As imagens eram dos séculos XVII, XVIII e do XIX, isto é, desde 1600 até o começo da República em 1889. Tive que ler, estudar a História para conseguir encontrar o lugar que todas elas ocuparam durante estes 300 anos de Brasil. Estudando a História, sabendo interpretá-la e casando o presente com o passado, consegui fazer todas as imagens voltarem ao lugar de origem. Escrevi meu primeiro livro, publicado em 1971. Começando o estudo da História fui continuando, mordido pela curiosidade do nosso passado artístico ainda quase desconhecido e pouco estudado. Já que estava no baile, o melhor era dançar também.

Filosofando com o "Miró"

Pesquisei um barroco desconhecido de grande parte do Brasil, que foi o segundo livro. Neste estudo entrei na história da escravidão, do ouro e dos diamantes, o que abriu caminho para uma outra pesquisa, com o livro sobre a escravidão de hoje e de ontem. Como vê, Miró, é só seguir o filão desconhecido e ir juntando o ouro puro da História. Achei três belas pepitas: a arte sacra popular, o trabalho de um extraordinário pedreiro, gênio da arte sacra popular sobretudo na pintura, e um livrinho sobre as imagens sacras brasileiras. Você sabe, História e pesquisa são um vício, não pude parar e continuei no páreo da história ainda que "por baixo do pano". Estudei os anjos barrocos, escrevi sobre as transformações que assisti durante minha vida e espero que saia à luz o último, que conta como a arte no Brasil começou na arte sacra, sem dúvida o berço da arte brasileira contemporânea. Agora, humildemente, converso com você, Miró, cachorro, sim, mas do meu coração. Essa é a seqüência da minha atividade de historiador da arte sacra brasileira. Foi pura sorte o fato de ter encontrado o mapa da mina. Como não podia deixar de ser, nada mais fiz se não ser eu mesmo, variando com as circunstâncias de minha vida.

Sabe, Miró, a História é coisa séria, verdadeira, dentro da imperfeição do homem. Afinal, já diz o ditado: errar é humano. Aí, vem outro, vê o engano e corrige, e a história vai andando pelo tempo afora. É verdade que após a revolução na Rússia, em 1918, a vontade de mudar era tanta que eles revolucionaram também a história deles e se possível a dos outros, porque precisavam provar a si mesmos que eram os melhores desde antes de Cristo. Mas isto é história moderna que no futuro será escrita. O que quero conversar com você não é mais sobre a História, mas sobre a verdade.

— Me diga uma coisa, Miró, você acha que o Brasil é um país sério?... Fala, cachorro, por que este silêncio, quando você sempre responde? Está com medo, ou envergonhado de dizer sim ou não? Não há cana nisso, Miró, pois quem disse isto foi o General De Gaulle, presidente da França e colega dos nossos generais!

— Bem, mestre, pelo que eu tenho visto por aí, acho que o silêncio fala mais alto do que qualquer resposta, por inocente que seja.

— É muito estranho tal sabedoria num cachorro como você. Então acha mesmo que o silêncio é uma fala clara? Agora me lembro do dia em que você mais Tatá mataram aquele gato que se meteu onde não devia. Estranhei vocês não fazerem o barulhão costumeiro quando desci para o café da manhã. Até pensei que alguém tinha jogado veneno e vocês estivessem mortos (até me arrepio só de pensar). Fui ao quintal e estavam os dois ressabiados e olhando de lado. Vi o gato morto e compreendi tudo. É mesmo, seu silêncio queria dizer alguma coisa, mas eu acho que você estava embaraçado, não por culpa sua, mas por culpa de nós brasileiros que fizemos o De Gaulle dizer aquela sentença tão vexatória para nós. Mas vamos filosofar sobre o assunto. De Gaulle disse que o País não é sério, mas não disse que eu ou você somos malandros. Logo, estamos salvos, porque temos certeza da nossa honestidade. Você só conhece Tatá, sua mulher, mas eu conheço muita gente e, que eu saiba, são todos sérios. De acordo com o meu Ibope, o tal de poucos por todos, o brasileiro é basicamente sério e honesto.

– Sempre foi assim?

– Se você conhecesse nossa história saberia o negócio do fio de barba.

– O que a barba tem com o De Gaulle que não era barbudo?

– Calma, Miró, "não seja curioso". A história do fio de barba é mais ou menos assim: quando o bandeirante dava a palavra sobre qualquer negócio, pegava um fio de barba (naquele tempo não tinha a "prestobarba" das multinacionais) e trocava com o fio de barba do outro (se fosse viúva era fio de cabelo), agora não sei onde punham este documento piloso. O certo é que podiam esquecer do lugar do guardado, mas não esqueciam da palavra dada. É por causa disso que até hoje se fala dos bandeirantes, e eles têm vários monumentos, como o da Avenida Brasil, uma estátua no Museu do Ipiranga e outra muito bem feita na Av. Adolfo Pinheiro em Santo Amaro que os admiradores (de estátuas) chamam de "espantalho". Além disso, a Av. Bandeirantes e o Palácio Bandeirantes, sem falar dos livros que contam os seus feitos. Mas isto é já outra história. Como vê, se em vez de De Gaulle ter dito isto agora tivesse sido Luiz XIII ou XIV (13 ou 14), no tempo dos bandeirantes, teria havido guerra na certa. Este tal fio de barba veio vindo e funcionando bem, mesmo no tempo de D. Pedro II, que tinha uma barba imensa com pêlos para garantir qualquer palavra. Naquele tempo o nosso dinheiro valia mais ou tanto quanto a libra esterlina de ouro! (o dólar, o famoso "green paper", o papel verde, ainda não havia nascido). A coisa começou a se alterar com a República.

— República?

— É o tal governo do povo para o povo, que substituiu o governo do imperador para o povo. Foi o brilhante começo, e imediatamente o pessoal cortou a barba e assim acabaram os fios. Daí, as tentativas de substituir os fios de barba por outras garantias, como, por exemplo, a construção das estradas de ferro pelos ingleses com garantia de juros pelo governo do povo e milhares de outros sucedâneos.

— Suce o quê?

— Sucedâneo quer dizer, além de sucedâneo, algo semelhante que se põe no lugar em benefício do progresso do País. Assim, o Brasil foi crescendo, chegando ao que é hoje, uma grande nação, com 124 milhões de brasileiros e com uma dívida externa também das maiores do mundo.

— Só externa?

— Não, Miró, falam de uma enorme dívida interna, mas isso é negócio entre brasileiros e como sempre acabará dando certo.

— Mas como é que chegamos a dever tantos dólares?

— É o tal de governo do povo para o povo. Você imagine, o povo é cada vez mais numeroso, só neste século cresceu de 17 milhões para 124. O governo é de pouca gente, como se você viajasse num DC-10 de 300 lugares só com 27 passageiros. Os outros 273 lugares vazios representam o povo.

— Entendi, mas quero saber como a dívida foi crescendo?

— Tanto quanto me lembro foi sempre a mesma história, vinha um governo e ficava 4 anos e para mostrar trabalho fazia o diabo, tudo com dinheiro grosso emprestado. Vinha o outro, pagava o que podia e, de raiva, deixava uma dívida ainda maior para o seguinte e assim por diante, de raiva em raiva etc. e tal. Você some, Miró, quase 100 anos deste tipo de governo do povo, chegou-se até hoje, como você sabe. De repente deu a louca no governo, e o pessoal pensou ser o Faraó do Egito antigo (você sabe aqueles que fizeram as pirâmides). Começaram então as obras faraônicas das quais Brasília foi a primeira, mas certamente não foi a última. Você conhece tudo isto, mas não sabia que tudo foi dívida sobre dívida. Começaram emprestando cada vez mais, depois começaram a rolar a dívida e chegamos até hoje a enrolar os credores. É a história da bola de neve.

– Não será boneco de neve?

– Não, Miró, bonecos somos nós do povo, era bola mesmo. É assim: você vai no alto de uma montanha de neve.

– Aqui não tem neve, patrãozinho!

– Miró, não seja irônico, é sentido figurado.

– Figura de quê?

– Figurado quer dizer um exemplo, pois todo mundo conhece a neve. Você joga a pedra e ela vai rolando pela montanha abaixo, a neve vai grudando e a bola vai ficando cada vez maior e, de tão grande, vai derrubando tudo pelo caminho até parar no fundo.

– Que fundo?

– Ora, no fundo do vale.

– Não seria do poço?

– Bem, outro dia ouvi na TV um importante otimista dizer que chegamos ao fundo do poço, e como não havia nada mais fundo estava tudo bem, pois iríamos começar a subir, deve ser isso aí.

— E se a parede do poço desabar?

— Olha, Miró, se você quiser ser adivinho não tenho nada com isto, mas de certa forma estou de acordo com o fulano porque ouvi outro um pouco mais gordo dizer que é preciso trabalhar, trabalhar e trabalhar que tudo dará certo. Achei ótimo, só que para trabalhar é preciso ter emprego e ouço dizer que cada vez tem menos. Enfim não fomos nós que elegemos e não temos nada com isso.

— E quem vai pagar esta bruta dívida?

— Já não conversamos lá atrás que o esperto aumenta sempre a dívida para assustar o cobrador? Pois conseguiremos, sendo bem possível que acabemos sendo premiados pela esperteza. O pessoal de fora, os agiotas que emprestaram os dólares, estão agora com medo não só da bola de neve como do desmoronamento das paredes do poço. Agora tenho um pressentimento que eles fizeram a dívida, mas como o "petróleo é nosso" vão dizer que a "dívida também é nossa" e assim, Miró, haverá muitas outras "pílulas amargas", talvez até mais de um vidro cheio delas. Enfim, enfim como já dizia Sócrates.

— Quem é esse fulano?

— Um grego sabido que tomou cicuta por ordem do governo.

— O que é cicuta?

— Veneno, Miró, ele morreu, mas ficou o "enfim, enfim..."

— Mas e o negócio do De Gaulle, do tal "do Brasil não ser um país sério"?

– Acho que o nosso papo seguiu outra direção e não interessa mais esclarecer a coisa, afinal nós só temos a obrigação de pagar impostos e o resto não é de nossa competência.
– Mas tenho ainda uma dúvida, mestre!
– Qual é, Miró?
– São os barbudos de hoje com aquela barba preta misturada com o cabelo, eles também não estão no negócio do fio de barba?
– Sabe, Miró, este é um fenômeno à parte, pois entre estes barbudos e os das barbas de D. Pedro II houve um período de 80 anos de barba feita (à navalha). Assim pode-se dizer que é coisa nova. Eu acho que é imitação pura de um tal de Castro.
– Castro ou Casto?
– Miró, é pergunta que pode te enrolar, porque Castro faz pensar em castração (vulgo *paredón* na gíria) e casto leva a pensar na tal pomba sem fel. Faz parte da filosofia imaginar com sutileza. *Paredón* é palavra espanhola e só é usada mesmo na grande ilha do Caribe, onde houve um Castro que deixou crescer a barba e logo que ficou o chefão despediu o barbeiro. Assim, acho que por admiração a este líder é que veio o hábito de deixar crescer a barba. Você sabe que tenho boa memória e já vi, na TV, muitos desses barbudos importantes quando tinham a cara limpa, sem barba, daí esta conclusão filosófica. O resto é inovação da moda e contestação.
– Contesta o quê?
– Contesta nada, é contestação que quer dizer como o espanhol "Hay gobierno? Soy contra", é o pessoal da virada,

da mudança (com nepotismo) ou simples adolescência barbuda; e você já sabe o que é o adolescente de todas as idades.

– Com toda esta confusão brasileira surge em minha mente a questão da credibilidade que ouço tanto ultimamente.

– Você sabe o que quer dizer credibilidade?

– Não será crédito, coisa de pedir nos bancos?

– Nada disso Miró, é transa de relações humanas, de acreditar um no outro e hoje em dia do povo acreditar no governo.

– Não entendo por que é preciso acreditar ou não.

– Pois é, Miró, você tem realmente sorte porque nunca apanhou de mim. Mas vou te explicar como é a coisa. Quando lido no quintal, na minha horta, você vai atrás de mim o tempo todo e com freqüência pego em pedaços de pau, ou uso o esguicho de água para regar os canteiros. Você fica impassível e não tem medo nenhum. Isto é credibilidade, pois para você, pau e água é para o meu trabalho e não para ameaçar. Você sabe que pode contar comigo, que eu sou sempre o mesmo e que não mudo. Assim, você acredita em mim. Agora se você levasse uma paulada sem motivo, tenho certeza de que você não esqueceria e olharia com cuidado toda vez que eu tivesse um pau na mão, pois não acreditaria mais em mim. Portanto eu perdi a credibilidade que eu tinha com você. Entendeu? Entre nós homens a coisa é variada, pode-se e não se pode acreditar em todo mundo, pois há gente boa (a maioria) e má por este mundo afora. Mas entre o povo (os milhões) e o governo (uns poucos) é essencial que haja credibilidade, que o povo acredite na palavra dos que governam. Se o governo mente é como eu te dar uma paulada sem motivo e assim o que acontece com você ocorre conosco, os brasileiros.

– Mas o governo mente?

– Bem, o que se tem visto é que toda palavra oficial quer dizer o contrário. Assim, por exemplo, está tudo bem = está tudo mal. A gasolina não vai subir = sobe no dia seguinte. A inflação vai abaixar = sobe como um foguete, e assim por diante, um tratamento em que o povo brasileiro passa a ser uma criança que é enganada a todo momento pelos marmanjos que mandam e não ligam para os pirralhos. É o caso da pílula amarga e o batalhão que foi a Cleveland. Se estamos nesta miséria franciscana, como gastam esta loucura em dólares? Não há, assim, uma credibilidade, ninguém acredita mais em nada. Só você acredita em mim e eu em você, pois não mentimos um para o outro. É isso que devia existir neste grande Brasil, acreditar em quem manda sem medo algum. Pois até o imposto de renda se transformou num leão descaradamente jogado ao povo com centenas de milhões gastos nessa publicidade de mau gosto e persecutória. Pagar IR é obrigação cívica e a sonegação deve ser punida, mas ameaçar o povo brasileiro em geral para o benefício dos meios de comunicação é sadismo e imbecilidade fiscal. Veja o caso dos profissionais liberais que sonegavam o IR: houve uma fiscalização e multas, tudo certo e justo. Agora, quem está pagando as conseqüências é o cliente, porque há dois preços, com e sem comprovante. Pensa você que o IR é a favor do povo? Nada disso. Sem o comprovante não pode ser deduzido. Ele sabe perfeitamente dessa situação, mas não aceita a palavra do contribuinte. Você sabe que estão sujeitas a IR *toda e qualquer renda*, logo o pagamento com cheque ao portador (como exigido) é renda. Pois para o IR, o tal leão vesgo, não é. É isto aí, cachorro amigo, a credibilidade que desapareceu do dicionário do povo brasileiro.

— Diga, chefe, você acaba de falar sério, não tem alguma historinha para amenizar o discurso?

— Tenho sim, uma bela estória sobre a credibilidade, só que é de um país muito distante.

— Não faz mal, patrão, estória é sempre bom, pois como se dizia no tempo em que não havia a mania de emagrecer e se tomava café com açúcar, "de amargo já chega a vida", e olha que o tal amargo acabou chegando com açúcar e tudo!

— Sabe, Miró, credibilidade é, como já disse, essencial na convivência entre os homens. É a base do afeto, da cordialidade e, em resumo, dos direitos humanos como tanto se reclama e exige (com carradas de promessas em carros vazios). O governo no qual não se acredita pensa que governa, pode fazer o que quiser em termos de decretos-leis, regulamentos e ação policial, mas cá dentro da gente só se ouve um ah! ah! ah! É o caso do governo de um pequeno país encravado nas montanhas dos Balkans...

— Parado, patrão, que Balkans é este que nunca ouvi falar?

— Sabe Miró, geografia é geografia e não letra de samba que passa de moda. Mas este Balkans é onde Holywood descobre alguma nação de opereta (tinha também república de bananas que hoje estão sendo entregues já assadas) para localizar seus personagens. Pois bem, nesse belo país,

houve um ministro que vindo dos Estados Unidos de avião de carreira...
— O que é avião de carreira?
— Você sempre interrompendo o fio quando ele vai deslizando na gostosura da estória. Avião de carreira é avião para todo mundo, assim como um trem com primeira e segunda classe, mas que tem um vagão especial para o dono. Mas voltando à estória do tal ministro, como ele estava com saudades da família, mandou, veja bem, mandou desviar a rota do bichão de 300 passageiros para a cidade onde morava (sabe, saudades de casa) e depois o avião foi para o lugar de destino.
— E daí, patrãozinho, não vejo nada demais, afinal deve-se respeitar os sentimentos do "home", ele não era o dono?
— Você é ingênuo, Miró, mas profético, pois foi isto mesmo que o fulano disse quando foi criticado: "que era coisa sem importância". Mas a piada no caso é que outros passageiros que tinham o destino do ministro não puderam descer do avião, foram para o destino previsto e tiveram que voltar num outro avião. São dessas estórias dos países encravados nos Balkans.
— É sempre assim lá?
— Se é sempre assim não sei, pois não sou nem roteirista nem diretor de cinema para conhecer o tal país, mas garanto a você que no Brasil nunca teria acontecido coisa semelhante se não quem iria acreditar no governo?
— Mas vamos às coisas de que todo mundo gosta. Você sabe o que é pornografia? Que tal ver o que diz o Aurelião: "Figura, fotografia, filme, espetáculo, obra literária ou de

arte relativa a, ou que trata de coisas ou assuntos obscenos ou licenciosos, capazes de motivar ou explorar o lado sexual do indivíduo!"

– Mas você não pode resumir este troço todo em poucas palavras?

– Aqui, Miró, só mesmo filosofando. Se eu disser que é imoral mesmo, logo vem a mocidade inteira me chamar de velho caduco. Se eu achar que tudo que o dicionário disse está errado, logo então passo à categoria dos velhos sem-vergonha que gostam de meninas e de lamber sorvete. Veja minha situação, Miró, tenho responsabilidade e um nome a zelar.

– Então o que era imoral ontem é moral hoje?

– Ah, Miró, se você soubesse como está esse mundo, você, que ainda é jovem, tiraria esta pele de cachorro e vestiria outra do *Homo sapiens* (vulgo homem mesmo), porque, pelo que tenho lido, visto e ouvido, as coisas andam para os moços nestes dias que passam.

– Conta logo, mestre, que até já estou tremendo de ansiedade!

– É só você virar para qualquer lado e você logo percebe o sexo à flor de tudo. Se te contasse ou fizesse um relatório completo não teríamos tempo para filosofar sobre outras coisas também interessantes. Assim, vou dar alguns exemplos apenas. Você vai ao teatro, por exemplo, e assiste à vida como é, ou como os autores querem que ela seja, geralmente nos piores lugares. Os atores se divertem e dizem o que não diriam fora do palco, assim, filho da p., m. e numerosos xingos que existem na última página do dicionário voam de um para outro que é uma delícia. Só falta o perfume do ambiente para que a realidade seja completa (seria deselegante). Isto, bem entendido, acompanhado do nu e do ato sexual apenas simulado por causa dos respectivos donos ou donas que estão de plantão nos bastidores *just in case*, como dizem as multinacionais. Além disso, você sabe que esta turma gosta de variar e o que seria das peças de teatro que se repetem por anos seguidos? Realmente insuportável? Isto é o que posso informar sobre o teatro. Agora, na telenovela o negócio todo é subentendido por causa da censura.

— O que é censura?

— É um órgão do governo que teima em contradizer todo o mundo artístico porque argumenta que tudo que proíbe pode ser feito em casa, geralmente com luz acesa ou raramente, à moda antiga, no escuro. Se este pessoal da censura não abrir os olhos pode vir a ser alvo de jogo de pelota contra eles quando estiverem encostados distraidamente num muro!

— Mas por que impedem o que parece mas não é, mas que todo mundo sabe o que é?

— Sabe, Miró, neste mundo com jeitinho mascara-se tudo, daí nas novelas há os substitutos da coisa crua, como namoro, casamento, descasamento, traição, amigação e etc. e etc. Agora, o beijo é permitido, pois beija-se desde que se tem 1 ano de idade. Agora, você sabe que, antes de começar a beijar, todo mundo mamou seja no seio da mãe (antigamente era da ama — a mãe preta), seja na mamadeira, o que é assunto pacífico, isto é, aceito por todo mundo. Depois é que começam a beijar (beijo inocente) que pelo tempo afora tem sucedâneos (já sabe o que é) como alcoolismo e tabagismo (vulgo cachaceiro e fumante). Agora, nas novelas eles ensinam o tipo híbrido de tudo isto, de modo que a manobra é longa, sempre com um fundo musical e enquanto a música não pára, os dois (geralmente homem e mulher – e que mulher!) não podem parar. Como a música demora muito, o beijo para variar vira chupeta, com secreto trabalho de língua, contra, para que um não deixe o outro estragar seus dentes. Aí, acho que tocam uma campainha e os dois se separam exaustos, porque é tudo de mentirinha. Agora, juntando teatro e TV você tem o cinema nacional que geralmente mostra mais a miséria (que só existe no Brasil) e ataca o governo, o que dá grandes rolos com a censura, mas consegue fazer grande propaganda do Brasil nas estranjas e, assim, encorajar os bancos a emprestar mais dólares para ajudar. Tudo isso, Miró, é coisa para assistir, sempre pagando, como no teatro e no cinema. Na TV você paga mais caro ainda, porque tem que engolir todos os anúncios que, pensam eles, obrigam você a consumir o que você não quer, mas eles querem. Geralmente conseguem, se não não anunciariam. Agora, se você não fosse cachorro, Miró, leria as revistas especializadas no assunto. Uma beleza. Tudo mulher nua nas posições mais distintas e sugestivas e onde o progresso não pára, pois cada vez mostram mais. Agora existe até uma articulação de grande interesse cultural porque aparecem em certa revista algumas mulheres, que você vê bem vestidas beijomamando na TV, sem o menor vestígio de roupa, nem mesmo o barbante usado pelas índias. Assim, completa-se o ciclo de Adão e Eva, que ninguém tinha visto (só ouvido falar) e que hoje é o puro progressismo. Agora me diga, Miró, será que o Aurelião não anda gagá mesmo, afinal tudo isto é a vida moderna em sua plenitude e alegria. Se fosse Freud, coitado, já morreu velhinho, diria que é o id à solta.

— O que é id?

— Caro Miró, é o animal que temos dentro de nós.

— Ora essa, eu sou animal e não faço essas coisas!

— Bem, Miró, você é irracional e nós somos racionais, especializados em tirar o suco do suco do suco (por isso suga-se tanto no beijo — fingido! — da TV).

— Então o que deveria dizer o Aurelião?

— Acho que tudo o que disse, concluindo que era apenas para justificar (não motivar ou explorar) o lado sexual do homem, hoje considerado o objetivo da vida e não esta chateação da civilização que se desenvolve desde que nos separamos do macaco. Seria honesto, coerente e de acordo com a realidade dos dias que passam.

— Bem, mestre, e como era antes dessa liberdade com plenos D. H.?

— Sabe, Miró, estou convencido de que nasci muito antes do tempo certo. Não queria saber como era a coisa antigamente. O pipi era só para verter água, como o tal menino do chafariz do Rio de Janeiro. Pura inocência! Mesmo assim, a gente andava meio apavorado, pois era comum ameaçarem cortar o "passarinho", uma brincadeira besta! As meninas, coitadas, olhavam sem ver e tinham uma bruta inveja, pois achavam que não tinham o que os meninos tinham (não sabiam que elas é que tinham o que os meninos não tinham). A conseqüência era que os meninos brincavam com cavalo de pau (geralmente um cabo de vassoura entre as pernas e um chicote) e as meninas com as bonecas e comidinhas. Crescendo mais começavam os entendimentos, sabe Miró, aquelas correrias que você fazia com Tatá. Aí era brincar de doente e médico, sem dúvida a volta da tal necessidade de saber por que um tinha o que o outro não tinha. Eram os primeiros ensaios inocentes. Depois era a separação até o casamento. Neste meio tempo, do lado do homem era o diabo. O pipi complicava, pois além de verter água ficava todo embananado quando havia maus pensamentos.

– O que eram maus pensamentos, mestre?

– Sabe, Miró, foi um tempo em que os adultos não ligavam para as crianças, pois eram "inocentes". E elas, já sabidinhas, viam água que "criança" não bebe. Enchiam então a cabeça do que chamavam maus pensamentos e se já tivessem feito primeira comunhão tinham que satisfazer a curiosidade do padre e contar tudo direitinho. Espantados com o tal de "pau" duro, examinavam com cuidado até que descobriram, assim sem querer, que havia um gostosinho naquele exame. Aí, pronto, não paravam mais de examinar com movimentos de vai e vem repetindo sempre que podiam. Veja, Miró, a vida triste dos meninos, diziam que o exercício dava em tuberculose, anemia e até a morte e o que encabulava mais é que podia dar pêlo na palma da mão. Assim, quando se falava em pêlo a propósito de qualquer coisa a turma logo olhava disfarçadamente para ver se não tinha nascido ainda. Um pavor, Miró, imagine se crescessem os pêlos, não se poderia mais abrir a mão, o cara teria que ficar pão-duro, vulgo mão de samambaia, para o resto da vida.

– E era verdade?

– O que, Miró, você também está assustado? Que nada, tudo boateira porque havia o conceito de pecado e inferno que atazanava os pobres meninos e todo mundo vivia meio apavorado e com sentimento de culpa. Uma espécie de doce gostoso com bravo amargo até o próximo gostinho. Depois, adolescente, com barba, e com o tal cada vez mais cada vez, tinha o achego nas mulheres possíveis e acessíveis, vulgo prostituta, mulher do próximo e uma criadinha camarada vez por outra. Na ausência de mulher o tal sucedâneo, cabra, mula e tronco de bananeira. De mistura os extremos da ansiedade: deflorar, emprenhar ou, o mais comum, apanhar uma gonorréia, esta, companheira inseparável para toda a vida até a penicilina. Depois vinha a seriedade; o infeliz, no desespero de ter que viver esta busca inglória e perigosa, resolvia casar. Aí era aquele troço que começava na "tiralinha" e ia engrossando pela ponta dos dedos e subindo, subindo (mas sem chegar) até o casamento. E sempre aquela dúvida cruel, se era virgem ou não. Você sabe que a passagem do Rubicão nem sempre é sangrenta, pode ser até uma passagem "complacente". Seria, não seria, "cachorra", não pode ser, até que se acalmava e largava de ser besta. Mais raramente podia até acontecer a devolução do material. É isso aí, Miró, compare com o dia de hoje e veja se não nasci antes do tempo. Agora só resta mesmo registrar o acontecido, comparar com o presente e desejar ao pessoal saúde, alegria e força, muita força, para aproveitar este mundo do fim do século XX e do seguinte.

– Mas mestre, e as meninas-moças?

– Ah! Miró, não sei ao certo, pois estava do lado de cá com os meus problemas assim expostos. Mas uma coisa garanto: era um tal de mulher na igreja, desde a missa das 5 (naquele tempo padre levantava cedo), montes de freiras, solteironas de bigodinho e sobretudo um olhar comprido das moças que dava pena. Como disse, nada sei por experiência, mas acho que o jeito era sublimar.

– Sublimar o quê, seria o tal sublimado corrosivo?

– Olha, Miró, a coisa podia ser corrosiva, mas não era o sublimado que é veneno mortal. Sublimar quer dizer fazer alguma coisa em substituição do que se queria realmente. Por isso é que toda mulher bordava, pintava (quadros, gomos de bambu imperial, pano), fazia tricô, crochê, lavava o chão (no tempo não havia cera nem cascolac) e para terminar dormia cedo, como as galinhas, sem falar nos constantes e devotos apelos a Santo Antônio, que certamente não podia atender a todas. A libertação era o casamento e, então, era recuperar o tempo perdido!

– Me diga uma coisa, patrãozinho, você falou em Freud tantas vezes, não acha que valia filosofar sobre o assunto?

– Esta é boa, Miró, até parece que você sabia que eu fui psicanalista! (Psicanalista é como padre, mesmo aposentado continua sempre psicanalista.) É verdade, entendo um pouco, pois sou formado pela escola de Freud e trabalhei muito durante 13 anos.

– E por que você se aposentou?

– Ora, Miró, não devia responder a esta curiosidade indelicada, mas vou dizer. Depois de tanto trabalho conheci demais os pacientes, os psicanalistas e a mim mesmo e achei que seria uma glória acabar a vida fazendo pesquisa histórica e artística, cultivar uma horta no quintal e, o principal, curtir sua pura e sincera afeição.

– Parabéns, chefe, vejo que é um mestre da vida com *M* grande, sobretudo no que me toca! Mas por que não me conta como é este negócio de análise da psique? Será que não quer falar mais no assunto?, se não quiser respeito e retiro a pergunta.

– Que nada, Miró, eu já estou noutra, mas não rompi com o velho Freud que considero um dos gênios da humanidade.

– Então conte alguma coisa, só três palavras para meu esclarecimento!

– Caro Miró, não é fácil resumir a coisa. Em todo caso, saiba que tudo o que eu disse da pornografia, que hoje é normografia, está dentro da teoria de Freud.

– E onde está tudo isto, dentro da gente?

– Para mim, ficou provado que está tudo dentro da cabeça.

– Como é que você sabe?

– É por causa da Revolução Francesa, quando cortavam a cabeça do fulano com aquela bruta "gilete" inclinada, o corpo não dizia nada, mas os olhos do condenado olhavam muito abertos para o pessoal que fazia tricô na praça, o que demonstra que havia pensamento. A contra-prova é a dos famosos desaparecidos de hoje que o pessoal dos D. H. mantêm vivos a todo custo depois de muitos anos. Se eles, os desaparecidos, estivessem com a cabeça junto ao corpo (o que tenho certeza que aconteceu pois só se usou guilhotina na França e está encostada), eles é que estariam gritando e não teriam dado procuração a tanta gente. Bem, então fica certo que a coisa está na cabeça, pois é lá que está a síntese do que somos hoje desde o começo do mundo. Como você quer três palavras, lá vão elas: id – ego – superego.

– Parado, mestre, está falando guarani?

– Não, Miró, são três palavras que resumem tudo o que temos dentro de nossa alma e essa foi a grande descoberta de Freud. O id, já disse ser a nossa parte animal (à solta em nome da democracia), é a parte pornográfica do homem. O ego é nossa parte real, o que somos ou devíamos ser na sociedade em que vivemos (não é *society*), nossas relações na comunidade, nossa personalidade, tudo o que fazemos de normal na vida. O superego já é uma espécie de fiscal do ego, não deixa a gente fazer besteiras. Hoje, com a vida do vale-tudo em que vivemos, o tal superego não tem nada de super, pelo contrário, está é por baixo, pelo menos por enquanto. Mas como nem imaginava Freud, posso garantir que não perde por esperar, porque depois que passar a novidade dessa pornografia desenfreada ele voltará a funcionar normalmente. Em tempos normais (os nossos são anormais embora considerados progressistas) o id representa o instinto puro, é o macho que não pode ver a fêmea sem... e vice-versa, tipo galinheiro com galos e galinhas em partes iguais, ou a violência do tempo da caverna, e o tal desejo de matar e matar mesmo, e etc. e tal. Mas sabe, Miró, neste mundo "nada se cria e nada se perde, tudo se transforma", é a lei da Natureza. Assim, posso te garantir que, sejam quais forem as circunstâncias da vida humana, as três palavras continuarão imutáveis, podem variar as proporções, mas estarão sempre presentes no comportamento dos homens.

– Tudo bem, mestre, mas como começou toda esta retórica?

– Desde o nosso nascimento. O caso é que Freud mostrou que há o consciente e o inconsciente.

– Favor explicar em língua de gente!

– É assim, o consciente é o olho externo, é o nosso pensamento, como somos e como agimos na vida. O inconsciente é o olho interno, o que não vemos, não podemos pegar, mas existe e de certa forma rege toda a nossa vida real; é lá que estão o id e o superego que, sempre em luta oculta, permitem que sejamos o que somos nesta passagem sobre a terra.

– Mas você ainda não disse como começa!

– Bem, a coisa se inicia com a relação da criança com a mãe ao nascer, pois tem que viver e por isto está em ligação vital com o seio materno (é por isso que o pessoal tem o mamabeijo da TV). Esta relação é sempre conflitiva, pois fome é fome e se o leite não vem na hora certa pode-se pensar que não vem mais. Aí está a origem de um negócio que Freud chamou ambivalência, que é um sentimento duplo de amar e odiar conforme a fome é saciada ou não. Este começo tem desdobramento infinito até o fim da vida (o negócio do marido matar a mulher de ódio e depois ficar chorando desesperado de amor em cima da finada). Deste começo básico o mundo da criança passa do objeto único (o seio) para o total, a mãe, o pai e, por aí afora, o mundo que vai se ampliando com o crescimento. Conforme for este relacionamento na infância, forma-se o cerne da personalidade que comanda o bichinho pela vida em diante.

— Dê um exemplo.

— Posso dar vários: relação sexual dos pais diante do pimpolho, brigas, agressões à mãe, pai alcoólatra e o diabo a quatro que você já conhece. Tudo isto vai desenvolvendo o inconsciente segundo a criança vai sentindo à moda dela e não de acordo com a realidade dos fatos. Ela pode sentir ao ver a relação sexual dos pais, que o pai está matando a mãe quando na realidade os dois estão no bem-bom. Deste começo básico decorre o comportamento na vida adulta.

— Mas e o que é constitucional?

— Boa pergunta, Miró. O que acabei de descrever é a parte adquirida da nossa personalidade, mas nós homens, como vocês cachorros, temos uma herança que vem de nossos avós dos séculos passados. É como sua companheira Tatá. É vira-lata de perna curta, corpo comprido e branca, não é de raça nenhuma, mas é uma linda cachorrinha. Logo você vê que ela é de muitas raças que não têm nada que ver com seu comportamento que é conseqüência de sua educação em casa. Aí você vê a constituição hereditária e a adquirida pela sua relação conosco. Soma-se a constituição hereditária com a formação desde o nascimento; unidas, desembocam no que somos, tanto eu quanto você.

— Bem, mestre, compreendo como a vida começa e já pude entender todas as confusões que o homem faz pela vida afora; na adolescência, na vida adulta, na política, nos divertimentos aparentes e escondidos, no trabalho, sempre evoluindo ou involuindo neste Brasil complicado em que vivemos. Tudo bem. Agora pode me contar como será nossa vida daqui para diante? Você acha que este jogo todo, que culminou nas nossas dívidas, na corrupção e na pornografia vai acabar bem?

– Caro Miró, responder diretamente a esta pergunta seria pretensão e arrogância de minha parte. A única coisa que eu sei, o que não é novidade, é que acaba mesmo quando entramos na fria final, isto é, esfriamos definitivamente, o que é vulgarmente chamado morte. Daí em diante garanto que fica tudo bem, sem contestação. Até lá, é um prazo que a Deus pertence e que nós procuramos esticar o mais possível, seja do jeito que for.

– Entendi e aceito este prudente pronunciamento, mas você acha que o homem vai trabalhar até o dia final?

– Bem, Miró, há várias formas de trabalho na vida do homem. Crescer dá um trabalho danado que você pode não perceber, mas pergunte à mãe e ao pai de quem quiser e eles te contarão a trabalheira que tiveram. A educação é outro trabalho duro, você não ouviu dizer que "fulano está quebrando a cabeça" ou "queimando as pestanas" nos estudos? Já ouviu alguém dizer que estava se divertindo pra burro com estudar aritmética, geografia e até mesmo o português que pensa que fala direito mas não fala? Não, Miró, aprender é um trabalho danado e porque você não quis aprender a não urinar em todos os cantos é que você dorme em sua casinha no quintal. Fosse mais aplicado na educação e estaria agora ao meu lado no quentinho. Depois é o trabalho, que todo mundo acha que começa aos 18 anos (menos o trabalho escondido da lei e, uma minoria, da polícia, são os conhecidos por letras ABC ou em retratos falados). Este trabalho, segundo a sorte de cada um, varia ao infinito até chegar ao limite legal, voluntário ou por doença e então entra-se no período final chamado aposentadoria, que veremos adiante, e que se o fulano levar ao pé da letra...

– Pé da letra quer dizer ficar pasmado, sem fazer nada, olhando pro céu?

– Bem, se levar ao tal pé, se vai para o céu não é da minha conta, mas que vai para debaixo da terra, tenho certeza.

– Então, mestre, trabalha-se a vida toda sem parar?

– Veja, Miró, observando a tua vidinha de quintal os dias são sempre iguais, acorda cedo espreguiçando, ouve os barulhos familiares, late se são estranhos, alegra-se e agita-se se percebe que acordamos e vamos descer e assim por diante, até se recolher à noite ao cesto. Naturalmente numa vigília defensiva permanente, com sua finíssima audição. Nós homens seguimos a regra divina, pois se Deus fez o homem em seis dias e descansou no sétimo, nós O imitamos, e assim temos o domingo, que é o dia de descanso. É o costume da nossa religião. Em outras religiões este descanso é noutro dia da semana, mas estando no meio da maioria aproveitam também o nosso domingo, é humano! Neste século houve menos trabalho e mais descanso para compensar o trabalho concentrado e assim o sábado entrou também na dança. Agora, como o brasileiro trabalha demais em cada vez menos horas, surgiram outras formas de se vingar do trabalho, como os feriados e sobretudo um negócio que chamamos enforcar dia de trabalho entre dois dias de descanso. Aliás um nome muito próprio porque nestes dias o que se enforca é o odiado trabalho enquanto a cabeça fica inteirinha delirando sobre o que fazer com este descanso que caiu do céu.

– Você então acha que os homens são vagabundos e que não gostam de trabalhar?

– Ora, Miró, Deus me livre de tal calúnia. Já não se lembra da famosa receita para curar o Brasil "trabalhar – trabalhar – trabalhar"? O tal enforcamento é simbólico, pois trabalho todo mundo quer, mas para o vizinho. Não se lembra da piada da reforma agrária do outro João em que se dava um pedaço de terra para todos os brasileiros com a única ressalva de que teriam que vir junto dois japoneses para...

– Para o quê?

– Não me lembro mais, esqueci!

– Então você acha que hoje o trabalho é um castigo, uma espécie do que aconteceu com Adão e Eva expulsos do Paraíso?

– É mais ou menos isto, pois acho que se esqueceram que o trabalho faz parte da vida, já que eu te contei que ele começa na bruta força que o bebê faz para tirar o leite do seio da mãe (por isso é que inventaram a mamadeira, onde o trabalho é folgado).

– E o que o pessoal faz nestes tais descansos enforcados?

– Para começar, é educado dizer "feriados prolongados". Mas respondendo sua pergunta posso dizer que aqui estão os ingredientes mencionados pelo Aurelião sobre a pornografia, isto é, é uma folga dia e noite, mas de noite do que de dia.

— Mas então a pornografia no conjunto não é para divertir?

— Sabe, Miró, hoje está tudo mascarado, mas atrás de tudo isto existe dinheiro, muito dinheiro.

— Como? O homem não tem, sem dúvida, o gostosinho?

— Ele tem sempre que sente necessidade, tudo bem, é como Deus quer. Mas aí aparece o interesse do lucro, o que se poderia chamar o comércio do sexo (antigamente isto era só a prostituição, hoje a coisa ficou muito mais disfarçada), isto é, tudo que leva o homem a fazer mais e ter mais gostosinho.

— Não entendi!

— Vou dar um exemplo que tenho certeza que vai convencer você. Posso pegar uma cadelinha bonita no cio (aquela que quer dar) e passear com ela no alto do muro do vizinho. Você vai ficar louco de excitação e desejo de possuir um pitéu dessa envergadura. Depois eu tiro a cadelinha e você cai na realidade de que foi apenas uma visão. Mas o desejo continua tremendo e você, sem a cadelinha; o recurso é você dar em cima da Tatá que é a possibilidade à disposição ou então pular o portão e sair por aí à procura da visão que passou. A finalidade comercial da pornografia é esta, a de explorar e exacerbar o desejo sexual normal do homem, que paga por tudo isso.

— Entendi bem o meu caso, mestre, mas por que o homem, tão inteligente, não se satisfaz com o que a Natureza lhe deu?

– Vou explicar sua dúvida com o exemplo da comida: o homem come muito bem a comida com sal, pimenta e vinagre. É apetitosa e ele está satisfeito. Mas para fazer com que em vez de comer para viver ele viva para comer, inventaram os condimentos, como os molhos na base do inglês, a pimenta baiana, orégano italiano e mil artifícios que hoje se podem comprar no mercado para variar o gosto das comidas. Estas comidas são feitas, diferentes, nos vários restaurantes especializados. Até criaram e divulgaram a palavra francesa *gourmet*, que é: o cara aprecia a comida pelo gosto, ao contrário do comilão que prefere a quantidade. Você, que é um cachorro de gabarito, me diga se tudo isto não é equivalente à pornografia. Pura questão de gosto, comer comida ou "comer" mulher. O comilão trepa em quanto mais mulher puder sem grande escolha. O *gourmet* só vai na estrela de qualquer coisa; com um prévio jantar com champanha francesa, ela toda perfumada, linda e educada.

– E depois, mestre?

– Bem, depois é tudo como a velha natureza fez para todo mundo.

– Mas afinal, patrão, o que é lazer?

– É uma descoberta norte-americana dos anos 30 deste século. É o sinônimo das férias do tempo antigo, férias escolares, bem entendido, com os vaivéns descontraídos em casa ou no interior, na casa de algum parente. Eu só tinha uma tia em Tremembé, próximo a Taubaté. Lá ia passar o mês de férias, passeando e caçando passarinho, dessa vez sem o tal sal no rabo. Voltava revigorado e recomeçava as lides escolares. Os adultos não sabiam o que eram férias, estas só apareceram com as Leis Trabalhistas de Getúlio. Como vê, o lazer foi criado por lei para o mundo moderno, pois antes era pela lei de Deus, aos domingos. Os norte-americanos sabidos logo aproveitaram a deixa e embarafustaram (dicionário = entrar de tropel) pela brecha trabalhista criando o turismo, isto é, a corrente dos ignorantes americanos que iam à Europa ver as maravilhas da cultura ocidental. (Isto foi depois da primeira Grande Guerra e chegou aqui, como sempre, muito mais tarde.) Daí, Miró, a coisa foi sendo aperfeiçoada até hoje, quando qualquer cidadão que se preze tem que fazer uma excursão turística, os mais mais a Paris (como no tempo dos fazendeiros) e depois, hoje, qualquer classe média já conhece a Europa TODA num vôo turístico de ônibus no tal dorme-acorda-corre-vê-ouve-janta-dorme-acorda e vem dormir e pensar em tudo que viu, ouviu, fez e comprou quando chegar derreado em casa para começar a trabalhar no dia seguinte (aliviado de espírito e do bolso, mas enriquecido de "curtura" – para inveja dos vizinhos). O turismo tornou-se o objetivo do lazer por pura promoção comercial em nome do progresso cultural. Certa vez, eu também turista, visitava a famosa e antiga prefeitura da cidade do Porto em Portugal (Porto só podia ser mesmo em Portugal). e passava um bando de turistas, camponeses, gente simples, e na frente ia o guia turista dizendo "não toquem em nada, não cuspam no chão". *Mutatis mutandis* é o que acontece com todo mundo.

– O que é este M M?

– É latim e não latir, quer dizer: Aurélio = mudando o que deve ser mudado. Em nossa língua quer dizer mudando a classe dos turistas, mas sem mudar os conhecimentos, em resumo, é tudo turista burro mesmo. Depois do turismo da Europa, descobriu-se o da Argentina com a respectiva ladroeira dos dólares (os tais 1.000 que passaram a 2.000 e que desceram para 500 e agora para 100 e que o pessoal compra no governo e vende para o negro, sabe, negócio de país rico como o nosso). Enfim, Miró, o turismo de massa é como a literatura de massa, a "curtura" das revistas de quadrinhos. Mas que enche o tempo do pessoal e o bolso dos empresários, não há dúvida. Enquanto isto, o Brasil verdadeiro segue seu curso em direção a seu próprio destino que, infelizmente, desconheço, mas tenho lá minhas idéias.

– E a aposentadoria, mestre? Ainda não filosofamos sobre ela.

– Posso dizer, Miró, que há dois tipos de aposentadoria, uma falsa como o "lucro" das estatais e outra verdadeira. Na primeira, a falsa, como somos um país muito rico, o brasileiro se aposenta depois de 35 anos de trabalho comprovado. Aqui com a honrosa (para eles) exceção dos parlamentares (vereador, deputado e senador) que, acostumados ao sofrimento e miséria dos anos de mandato, com o perdão de Camões, "criaram-se" (isto é, para eles mesmos) uma aposentadoria vitalícia (toda aposentadoria é vitalícia) que nós, os contribuintes, pagamos com prazer como reconhecimento pela burrice de os termos elegido em eleições livres que demonstraram o alto padrão cultural e a boa escolha do nosso eleitorado. Mas os citados 35 anos da aposentadoria regular ou legal podem ser bem manejados, conforme o fulano começou a trabalhar muito cedo (você sabe, alguns conseguem incluir o trabalho de mamar na contagem de tempo para aposentadoria) e, assim, obtêm a aposentadoria na flor da idade ativa. O remédio, coitados, é embolsar mensalmente a fofa e grossa quantia e voltar a trabalhar, geralmente nos altos escalões das estatais, como mostrou recentemente o *Jornal da Tarde*. Sabe, são os pobrezinhos que precisam do apoio de quem pode. A grande maioria também se aposenta com 35 anos de trabalho, mas para estes é trabalho no duro e como eram operários, começaram cedo e assim também aposentam-se cedo e voltam ao trabalho normal.

– Então qual é a verdadeira aposentadoria se estas mencionadas são falsas?

– A verdadeira, Miró, é a da velhice depois dos 65 ou 70 anos de idade. Esta acontece em todos os países "pobres" da Europa e nos Estados Unidos.

– Bem, patrão, e o que há de mais em tudo isto?

– Você é ingênuo, Miró, é puro; seria caso de polícia se a polícia não fizesse o mesmo. Acho que é uma questão de regime mesmo, pois hoje, em matéria de aposentadoria, durante a idade ativa do homem há um silêncio defensivo de todos. Quem paga o pato são os que trabalham e contribuem para estas férias remuneradas eternas. O que quero que você saiba, Miró, é que a aposentadoria verdadeira, o fim do trabalho e a entrada na doce ociosidade é o caminho mais curto para a morte.

– Então todos os donos do Brasil estão trabalhando apenas para viver mais e assim ajudar a engrandecer o Brasil?

— Sabe, Miró, isto só o IR (talvez) e Deus (com certeza) que sabem, e eles não nos contam nada. Mas não falo desses sabidos da "Ordem das Revistas de Quadrinhos". Falo do homem comum, que não pode e não deve mais trabalhar depois da idade de 70 anos, mas que precisa ter uma atividade qualquer para que sua vida continue feliz e útil por muitos anos ainda.

— Então qual é a receita, já que você é médico?

— A receita é simples: ter uma atividade constante, um interesse sério por qualquer coisa que ocupe sua atenção permanente, como o trabalho de antigamente, mas adequado à sua própria idade. Veja você o meu caso; aposentei-me no serviço público com 54 anos usufruindo da lei que, já disse, deu uma aposentadoria precoce. Continuei trabalhando na própria medicina até os 63 anos, quando resolvi encerrar minha vida profissional de psicanalista. Depois do sentimento de verdadeira liberação do trabalho, contente como o escravo em 1888, caí em mim e vi que se não tomasse providências estaria numa inércia perigosa e talvez fatal.

— Mas você não morreu por causa disso?

— Claro que não morri, mas que ia indo em linha reta para cair na atividade de varrer quintal, fazer compra na feira ou bater papo na praça pública, a maneira mais fácil de acabar logo com a vida.

— Bem, mestre, nunca te vi varrendo quintal!

— Certamente, porque logo percebi a armadilha em que caí com a aposentadoria e, não sendo do poder, apoderei-me de mim mesmo e arranjei logo um trabalho.

– Trabalho? Depois de uma vida de trabalho?

– Isso mesmo cachorro dorminhoco, trabalho sério e, embora gratuito, com obrigação e horário!

– Então você é um excepcional?

– Bem, se fosse da "nomenklatura" seria mesmo um debilóide, mas sendo um homem comum, como você mesmo, fui apenas um ser inteligente, pois continuei a ser médico em benefício de um grupo de deserdados da sorte.

– Então você é um santo?

– Ora, Miró, não seja cretino, santo é para ser canonizado e pelo que já conversamos, acho que se pudessem eu seria um Galileu realizado, isto é, a lenha não só ajuntada como com fogo mesmo. Mas deixemos de filosofia negra e vamos ao branco da paz e da generosidade.

– Afinal, patrão, o que você fez de sua ociosidade remunerada?

– Miró, procurei o que fazer, e acabei descobrindo um mundo de miséria ao lado da maior rodovia do Brasil (naquele tempo) a Presidente Dutra.

– O que, miséria na beira da Dutra?, não acredito, miséria é no Nordeste, é o que sempre ouvi dizer!

– Caro Miró, eu vi velha deitada na cama, definhando de pura fome na beira da Dutra, e em São Paulo!

– Então por que ninguém fala nisso?

– Bem, é uma questão de Ibope. Veja, se 8 ou 10 milhões são miseráveis sem o saber, logo arranjam os tais líderes de saia ou sem elas que, bem alimentados e gordos, logo apregoam à nação e ao mundo a sua, deles, miséria e "pedem enérgicas providências" dos poderes públicos aos quais estão bem filiados. Assim, o barulho é tão grande que abafa os barulhinhos e os gemidos dos fracos como os que vivem nas vizinhanças da Dutra. O resultado é que estes últimos ficam, por definição, ricos de barriga vazia e todas as atenções do governo vão para o Norte, e principalmente para os que distribuem estas atenções.

— E os daqui?

— Bem, Miró, os daqui continuam com a riqueza legendária de São Paulo, que continua engrossando sua miséria com os miseráveis do resto do Brasil.

— E daí, mestre?

— Daí que onde tem mais votos vão os que querem poder e o pobre isolado e silencioso da roça que siga seu destino segundo a vontade de Deus, porque o destino dos homens-chave está na fechadura do baú dos votos e, no fundo, bem escondido, está o Poder.

— E depois?

— Ora, Miró, depois começa tudo de novo no que se chama incorretamente Círculo do Poder, quando o nome certo é Circo do Poder.

— Por que um e outro, círculo e circo?

— Porque os dois se completam; o circo é permanente e, como os homens são finitos e o bolso se enche fácil, muda formando um círculo, daí o Circo-Círculo do Poder.

— Mas explique pelo menos qual poder?

— Ora, Miró, poder é poder, e manda quem pode onde quer que esteja e seja quem for; abra os jornais de ontem, de hoje e de amanhã e você logo verá a "praça" dos múltiplos poderes.

— Puxa, você está poderoso de idéias hoje!

— Não é bem isso, Miró, você está certo em parte apenas, é o que se chama meia verdade; o que eu estou mesmo é "cheio" de tanto poderoso de todos os matizes.

— O que é matizes?

— Matiz é combinação de cor como: preto, vermelho, branco e branco e amarelo. Tudo isto, misturado e sem remédio pela cupidez dos homens, é que enche!

— Mas o que você fez em favor desses miseráveis da beira da Dutra?

— Miró, fiz com eles uma troca vantajosa para ambos. Eles, com suas doenças e achaques, me mantiveram ocupado, vivo portanto, e eu em troca lhes dei a atenção que nunca tiveram na sua vida anônima de pobres. Um trato em que eu ganhei muitíssimo, talvez mais do que eles, pois pude ser médico sem pensar em dinheiro, por pura atividade humana.

— Então foi caridade?

— Miró, não use nunca mais esta palavra que faz pensar em esmola. Para o verdadeiro cristão caridade é um sentimento nobre de amor ao próximo. Esmola é dar o que te sobra ou aquilo que você não precisa mais. Neste movimento recente de ajuda ao povo do Sul muita gente aproveitou para limpar o lixo do porão "dando" tudo aos flagelados. Ficou livre do entulho sem pagar transporte. É uma generosidade semelhante à dos que furtam o que vai de bom nas toneladas de generosidade do povo brasileiro. Sempre a mesma coisa, Miró, as ovelhas negras não faltam nunca no meio do rebanho branco.

– Se não foi caridade, então o que foi?
– Veja bem, Miró, poderia até dizer que eles, os pobres abandonados, fizeram o favor de me procurar no ambulatório que montei para eles.
– Favor?
– Favor sim, e a prova é que quando tudo acabou senti-me outra vez sem rumo e tive de tomar novas providências para não ficar ao léu, isto é, sem ter o que fazer.
– Então por que acabou a coisa?
– Por vários motivos que se "conjuminaram": fiquei mais velho, a Dutra teve seu trânsito multiplicado e tornou-se perigosa e finalmente veio o Funrural que, apesar da oposição não elogiar, foi uma bênção para estes pobres velhos miseráveis que, além de obter uma pequena aposentadoria que os fez imediatamente "ricos", tiveram a assistência legal na Santa Casa e não a esmola de antigamente.
– Então você ficou desempregado?
– Não, Miró, estava aposentado e você sabe disso, maroto. Apenas tive que procurar outra atividade constante.
– O que foi que você fez? Estou curioso para saber como você deu a volta por cima.
– Ora, Miró, nada de extraordinário: comecei a estudar de novo e a escrever livros.
– Como o deste papo comigo?
– Não, Miró, estudei a Arte Sacra e a História do Brasil e escrevi livros sobre vários fatos ainda desconhecidos que pus no papel e publiquei. Agora não sabe sobre o assunto quem não quer ou não souber ler.
– E depois, o que mais você fez?

– Agora, Miró, continuo a estudar e escrever, coisa que posso fazer até o fim da vida.

– Por que até o fim da vida?

– Vejo, Miró, que você é tão curioso como sempre fui. Faz-me lembrar quando perguntava a meu pai por que o pássaro voa. Escrevo porque penso e penso porque sou racional e tenho um computador na cabeça que está cheio de todas as idéias que fui juntando pela vida afora. Por tudo que vivi nestes 77 anos tenho sempre a impressão de ter na cabeça um "alter ego", um outro eu, talvez um espírito bondoso que chega a me acordar de noite insistindo para que eu, fugindo da censura, escreva o que ele dita.

– Pare um pouco mestre, que pressa é esta, que negócio é "alter ego"?

– Você pensou no "alter ego", Miró, e não ouviu o resto que eu bem esclareci. Agora, se quiser leia quando o livro for publicado, é seu castigo por não prestar atenção quando falo.

– Bem, mestre, aceito o pito, mas você acha mesmo que alguém dita o que você escreve? Isto não é psicografia? Você não é médium?

–Acho, Miró, que se não for por conta do espírito é sem dúvida por conta de uma alma curiosa que perguntou toda a vida e agora busca responder a suas próprias perguntas, o que é o negócio do *mutatis mutandis*. Mas o que vale é o resultado, que afinal é o livro completo, seja por conta de quem for, mas que foi escrito e publicado.

– Mas afinal, quem é o autor do livro?

– Bem, cachorrinho curioso, o autor é quem escreve e assina, mas você já viu que a cabeça estando cheia de idéias, estas só poderiam ter vindo de outras cabeças, de milhares delas. Assim, tudo o que ele assina como autor é aparentemente dele, mas é a soma de muitas coisas de gente que ele ignora, mas que existiu para que ele pudesse escrever seu livro.

– É isto que é plágio?

– Parabéns, Miró, então você já ouviu falar em plágio! Não, não copiei de ninguém, salvo se meu "alter ego" fez esta sujeira, o que eu não creio, e se fosse pediria desculpas. Plagiar é copiar deliberadamente o que outro escreveu e dar a coisa como sendo sua, isto só é feito por escritores que não mereceriam este nome.

– Então como você faz quando quer mencionar pensamento alheio?

– Miró, com boa intenção há solução para tudo; coloca-se entre aspas ou cita-se o nome de quem escreveu.

– E há dessas coisas honestas entre os escritores?

– Veja, Miró, não quero que você leve deste papo a idéia de que tudo neste mundo-Brasil é ruim, corrupto, desonesto e malicioso. Há boa gente em todos os ramos de atividades porque os bons são a grande maioria e os maus uns poucos.

– Como você explicou do menor delinqüente?

– Exatamente, mas o mal é que se generaliza pela exceção quando se faz pensar que todo menor abandonado é delinqüente ou vice-versa.

– E como você sabe dessa desproporção?

– Caro Miró, neste mundo de 1983 é preciso ser vivo para suportar todas as artimanhas da minoria que tenta dominar a grande maioria e transformá-la num manso rebanho de imbecis.

– É isto que chamam condicionar?

– Sabe, Miró, dizem que tudo o que vocês irracionais fazem é por condicionamento, muito bem estudado por um fisiologista russo, Pavlov que descobriu e demonstrou o que se pode fazer com os animais pela técnica do condicionamento.

– O que é isto?

– Ora, Miró, você faz isto a todo momento em casa: quando na copa levanto os braços com um pedaço de pão em cada mão, você e Tatá voam para o quintal para receber o pão. Estão condicionados, ou acostumados, a ligar o pão de que vocês gostam com meu gesto de levantar os braços com o pão que vão comer. É a mesma coisa conosco, animais-homens; veja o hino nacional: empolga todo bom brasileiro, é uma espécie de condicionamento patriótico. Como o Papa rodeado de povo, centenas de milhares, por onde passa nas suas excursões pelo mundo. Nem todos são católicos romanos, mas ele representa o pai que todos nós temos, assim, sua presença empolga e comove; é também um condicionamento do homem, que não existe entre vocês. Mas com esta técnica do Pavlov criou-se a submissão das massas pela ação enganosa de uma minoria através dos tremendos meios de comunicação modernos. Se você escapa de um jornal, cai no outro, se muda de estação de rádio cai na outra, o mesmo se dando com a TV e com a conversa entre homens. A verdade está onde alguns querem que ela esteja, e assim você vai se submetendo aos poucos, por comodismo, por ignorância e por defesa de sua vida e vai se tornando um passivo, maleável. Nesta massa da qual fazemos parte está a quase totalidade dos bons que nascem, vivem e morrem como justos e seres humanos que são. É aqui que está tudo de bom que o homem faz para si e para os outros.

— Bem chefe, entendi tudo que me explicou; falamos sobre a nossa vida desde os primeiros pipis até a velhice necessariamente ativa. Vimos também que o homem, o ser humano, é predominantemente bom, honesto e crédulo. Ficou claro que por causa de sua boa-fé é sempre dominado por uma minoria que tende a escravizá-lo e que com audácia se arroga o direito de falar em nome de todos. Você também mostrou a tremenda força dos meios de comunicação que, nas mãos de meia dúzia de homens e nações, fazem e desfazem no jogo de interesses levando a massa humana ao condicionamento, à luta e até à guerra. Mostrou também que a generalização das exceções é uma arma terrível usada por todos no domínio da massa. Em todo este panorama econômico-social do Brasil e do mundo paira o espectro da pressão demográfica, do crescimento incontrolável da população que faz prenunciar fome e anarquia social. Percebi também que há uma espécie de força oculta que faz com que os responsáveis ignorem esta pressão, nada fazendo para corrigir, o que leva ao aumento crescente da miséria, presa fácil dos ativistas de todos os credos. Assim, mestre, responda-me a esta pergunta final: há esperança para nós?

— Caro Miró, você sintetizou bem tudo o que filosofamos atrás e destacou o que é, para mim, a causa primeira de toda a confusão em que vivemos, o crescimento já insuportável da população brasileira (e mundial) e a total inconsciência do perigo que ela representa para todos. Estamos à cabeceira do leito de um doente com um grave tumor e em vez de extirpar o mal damos-lhe remédios para a dor e enchemos o quarto de belas flores para alegrar-lhe a vista. Assim, nosso doente acabará morrendo porque o tumor cresce, se espalha e toma conta do organismo todo ou simplesmente cresce tanto que explode e mata do mesmo jeito. A gravidade de todo o sistema brasileiro é que querem curar o doente com blá-blá-blá, e como diz o ditado: conversa não paga dívida. Pior ainda, também não é com pauladas que se cura um tumor, como se pretende ao procurar arrasar para depois ver o que fazer, pois já temos experiência mundial de que a destruição não traz em si o germe da construção política em benefício do povo.

Lembro aqui, Miró, que o homem na sociedade em que vive tem por assim dizer duas vidas, a política e a pessoal, doméstica. A vida política é o que nos preocupa, a vida doméstica segue o curso imutável da natureza e o máximo que pode acontecer de ruim é a morte, afinal uma contingência normal para os viventes. A morte, para o que falece, cura todos os males da humanidade.

Para responder à sua pergunta é preciso olhar para longe, passando por cima de todos os detalhes que discutimos ao longo de nossa conversa, de toda esta miudeza política de interesses contrários que assistimos hoje. Temos que procurar sentir o que está por trás de tudo isto que é, de certa forma, a indicação do futuro.

Filosofando com o "Miró"

Todos os homens pensam individualmente, você já sabe o que é id – ego e superego. O que é consciente e inconsciente. Mas todos nós, seres humanos juntos, também temos uma comunicação que desconhecemos mas existe, o inconsciente coletivo.

– Acho, mestre, que precisa explicar este negócio que vai além do meu entendimento.

– Você tem razão, Miró. Talvez seja difícil aceitar que haja um entendimento inconsciente da massa humana que lhe daria a direção a seguir, conduzindo-a para seu destino. Mas para mim ela existe e está dirigindo a todos nós para uma solução drástica da causa primária que é a pressão demográfica. Sabe, Miró, se há um Deus-Criador, e deve haver, como você pode perceber quando contempla o Universo através das mais modernas lentes telescópicas, Ele certamente não vai deixar a Terra perecer pela insensatez do homem que tende a destruí-la com o seu domínio exclusivo da Natureza. Creio que Ele nos está mostrando o perigo, e como há uma negação desta realidade trágica. A destruição automática de grande parte da humanidade é uma solução à vista para restabelecer o equilíbrio ecológico do mundo e voltarmos ao senso comum do homem como apenas um dos animais do planeta. A energia atômica fará o serviço de restabelecer o equilíbrio que se rompeu. Você sabe o que quero dizer e já viu o que esta brincadeira de criança entre os dois mundos, da direita e da esquerda, está fazendo para o desencadear da guerra atômica. Depois voltaremos ao bom tempo de uma nova era do crescei e multiplicai-vos. Acontecerá com o mundo o que acontece diariamente nos lares quando morre um membro da família. A reconstrução imediata para que a vida continue.

– Mas, mestre, esta visão apocalíptica não tem nada que ver com a confusão que reina entre nós no momento!

– Pelo contrário, Miró, o absurdo das reações sociais de nossos dias é a indicação mais segura de que há um inconsciente coletivo provocando todos estes fenômenos parciais.

– Como assim, não entendi por que duas coisas tão distantes podem ser correlatas.

– Realmente, Miró, parece absurdo mas não é. Se houvesse lógica nas reações humanas não estaríamos na situação em que estamos, a começar pelo absurdo dessa corrida armamentista suicida. Mas veja você as coisas que se passam no Brasil e repare se, em ponto pequeno, não têm o mesmo significado. Já mencionei em termos de governo todas as obras e projetos faraônicos realizados ou não que redundaram neste beco sem saída da nossa dívida externa e interna. Sua memória pode ser curta, mas a minha não é. Neste miserê franciscano contratamos oito usinas atômicas. Há ou não há uma força oculta inconsciente levando nossos homens públicos a fazer absurdos desse calibre? Você dirá que foi culpa de fulano ou beltrano. Pode ser, se olharmos debaixo do nosso nariz, mas levante o olhar para longe e verá que há uma força que os faz criar estas armadilhas para a Nação. Hoje estamos no antagonismo civil e militar, mas no fundo são todos homens bem ou mal intencionados que aspiram ao poder. Veja você o que é o poder do Presidente da República. É um imperador cuja vontade, veja bem, vontade, governa o destino de 124 milhões de pessoas. Você acha que é culpa dele? Nada disso, há uma força desconhecida que leva a esta situação absurda de termos nosso destino dependente do humor ou do que pensa ou faz um só homem. E não pense que falo do atual, porque todos assumem o mesmo papel quando estão no posto. E tenho razão no que digo porque, façam o que fizerem, bom ou mau, não foi o homem que fez, foi o cargo, e tudo vai-se repetindo sem maior responsabilidade pessoal. Aqui entra o inconsciente coletivo, a força que nos encaminha para o abismo sem possibilidade de parar. Veja você, Miró, os pequenos absurdos de nossa vida social para perceber esta força oculta agindo aqui e ali. Toda reação popular de massa se transforma em quebra de tudo, roubo e saque. Não acredite nas interpretações imediatistas dos ativistas. É coisa inconsciente do animal-homem, que surge à tona por um pretexto natural ou forjado. Que é a guerra senão um quebra-quebra mortífero e sem lógica? São pequenas coisas que mostram a marcha da massa humana para este desconhecido funesto. Para se melhorar os transportes são feitos protestos que depredam os transportes. Destroem-se e queimam-se ônibus e trens. Fazem-se greves pedindo o absurdo de menos trabalho, maiores salários e estabilidade em fase de recessão da economia. Mas é sobretudo a mocidade que reage com mais clareza a qualquer pretexto: são as greves por motivos fúteis ou mesmo sem motivos. Agora se paralisa para não se pagar aumento de anuidade quando se sabe da porcentagem de inflação e que com o que eles pagam é que se pagam os professores; greves pela comida subvencionada pelo povo. São exemplos, apenas. Mas não vi greves de estudantes por causa do aumento no preço do automóvel, do cigarro, dos shows nos estádios ou da vida noturna. E greves e manifestações só durante as aulas. Uma força inconsciente está trabalhando para inferiorizar os dirigentes de amanhã e torná-los vulneráveis aos que os dominarem. E note que não há greves de estudantes nos USA nem na Rússia. Veja, Miró, tudo caminha pela via do absurdo que tem uma única direção: o equilíbrio da natureza, em que pese a vontade do homem.

Vivemos hoje numa angústia nacional e universal. O que temos hoje no Brasil repete-se com variantes no mundo inteiro, tem um significado mundial. A mocidade está diante de um muro de incertezas. O futuro não lhe sorri, pois todas as brechas estão atulhadas de candidatos. É o fruto da pressão demográfica invadindo as universidades e emburricando o brasileiro intelectual. Nesta ansiedade, nesta angústia do amanhã vazio é que se debatem os moços, agindo guiados por esta força indomável da natureza como num jogo de cabra-cega que não leva a lugar nenhum. Esta é a fonte que alimenta a esquerda que os faz imaginar soluções que não existem, mas que enganam a "fome" de tranqüilidade que é a meta do ser humano. A prova é que os regimes sociais de lá e de cá não resolveram nada e que a China Comunista, passado o bilhão de habitantes, acabou assustando e tomando providências drásticas para tentar o equilíbrio. Como vê, Miró, nós, os seres da Criação, somos um joguete do Destino que acabará triunfando sobre o desvario do *Homo sapiens*. Enquanto o Universo segue seu curso, nós aqui neste quintal do planeta ciscamos, feito galináceos, as questiúnculas do dia a dia com a música dos vários galos do terreno e sob a liderança de um mais forte, mas certamente todos candidatos às panelas do dono da casa. Aquele que nos Criou e que não vai perder para as mesquinharias destes autopromovidos reis da criação.

– Bem, mestre, entendi seu ponto de vista e percebi que a solução não tem maior interesse para nossa breve passagem por este mundo. Percebo que há muita coisa acima de nós e que nada podemos fazer para mudar o Destino. Mas será que este destino é irremediável mesmo?

– Oh, Miró, se você soubesse ler, recomendaria um livro de 1980, chamado *A Terceira Onda*. Lá o autor não fala da pressão demográfica e acredita numa recomposição do mundo numa futura fase ou "onda" que acha que tem indícios na bagunça atual. Dá esperanças e faço votos para que tudo o que sugere aconteça, em vez de um confronto atômico. Mas vai dar um trabalhão danado para jogar todos estes charutos mortíferos fora e longe do alcance de algum maluco. Pena que não possamos assistir ao resultado de toda esta confusão. Pena ou sorte!

– Mestre, você vem falando e eu estou pensando numa coisa que acho que não tem nenhuma relação com tudo isto. É a respeito do nosso relacionamento (*Homo-cane*). Posso perguntar o porquê de vocês gostarem tanto de cachorros?

– Para começar, Miró, o nosso relacionamento, ao contrário do que você pensa, tem muito que ver com tudo o que filosofamos até agora.

– Então você acha que nós, cachorros, somos assim tão importantes?

– Felizmente, Miró, vocês não sabem o quanto, se não talvez não fossem tão humildes e fiéis como têm sido até agora.

– Não entendi bem, chefe, o cão não vem de uma antiguidade remota como vocês homens? Como então somos tão valiosos na conjuntura do mundo de hoje?

– Não é de hoje não, Miró, homem e cão sempre viveram juntos desde que o mundo é mundo e creio que se uniram para se protegerem dos perigos que os rodeavam.

– Mas, mestre, se o homem vem do macaco, nós de onde viemos?

– Veja, Miró, não conheço a origem exata dos cães, mas certamente nos milhões de anos de nossa evolução houve uma relação baseada na amizade mútua que redundou na situação atual.

– Fale mais claramente, porque este negócio de "redundar em situação" é demais para um cachorro.

– O que quis dizer é que o cão pode ter vindo de raças selvagens como as existentes até hoje, por exemplo os lobos, coiotes, chacais, cachorro selvagem africano ou os dingo da Austrália. Nos milhões de anos de adaptação, formaram-se as variadas raças de cachorros que hoje dão alegria aos homens.

– Você acha mesmo?

– Claro, Miró, é só você olhar para seus inúmeros colegas e ver como há de todas as raças de cachorros, como o policial, o perdigueiro, o fox, que você sabe bem o que é, e tantas outras que provam as várias origens do cão de hoje.

– Mas por que o cão se tornou um companheiro inseparável do homem?

– Acho, Miró, que nossa história conjunta vem de muito longe, das profundezas do tempo.

– Você não pode dar uma idéia de como tudo começou?

– Acredito que esta associação homem-cão foi no interesse mútuo desde o começo. Tanto os nossos ancestrais como nós, hoje, nos sentimos muito solitários em determinadas circunstâncias da vida, e o amor aos animais foi sempre uma solução prática para o companheirismo da natureza. Começou com a convivência com algum lobo ou com cães selvagens que foram domesticados; daí prosseguiu tudo pelos séculos afora até todos os cachorros de hoje.

– Mas você acha mesmo que eu tenho alguma importância na sua vida? Afinal você é um homem tão grande, ocupado e sempre rabiscando papel, como vai dar importância a um cachorrinho como eu?

– É realmente coisa para intrigar um homem cioso de sua condição humana superior, mas pelo que se vê pelo mundo afora contra fatos não há argumentos. Vocês são realmente necessários para o nosso equilíbrio emocional.

– Que negócio é este de equilíbrio emocional?

– Eu explico, Miró. O homem, apesar de sua capacidade, inteligência e poder, é extremamente vulnerável na sua vida em sociedade. Naquela história do id – ego – superego ele se embanana todo quando ama, odeia, inveja, é ganancioso, passivo ou violento. Sofre por coisas que não existem, mas que ele cria na sua imaginação quando não consegue superar suas angústias.

– E onde entra o cachorro nesta história?

– É aqui mesmo, neste exato momento, porque apesar de cães vocês são de um comportamento previsível, em que predomina o afeto, a inteligência e a fidelidade ao dono, porque a natureza fez de vocês seres simples, sem o saco de complexos que se desenvolveu no tal de *Homo sapiens*. É por isto que um escritor já disse: "quanto mais conheço os homens, mais amo os cães". Acho que esta definição é correta, pois a um pontapé de um desalmado o cão retribui com um agrado de fidelidade que o homem não mereceu, mas assim mesmo recebeu. Assim, vocês, cães, são um elemento de alegria e equilíbrio para o homem que tenha a sabedoria de compreender o valor dessa amizade, desse dom da natureza. Vejo por mim, Miró; a qualquer hora do dia ou da noite, o nosso encontro é sempre uma festa, pois você lá está com a fisionomia amiga e a alegria expressa nos movimentos do rabo (do toco), nos trejeitos do corpo e nos "miados" e latidos de alegria. Esta atitude é um sedativo quando a preocupação e a angústia tomam conta de seu dono. Em você está o simples, o bom e o afeto que ameniza e tranqüiliza, sem falar da confiança que inspira seu poder de luta na defesa do seu quintal e indiretamente do seu dono.

– Mas chefe, o gato, pelo que tenho visto, tem o mesmo papel que acaba de descrever!

– Nada disso, Miró, o gato pode ser um companheiro apenas, mas não tem a afeição típica do cão pelo seu dono. É frio, egoísta, sendo mais amigo da casa onde mora. Por isto, para garantir que não escape nas excursões amorosas pelos telhados do bairro, é que costumam castrá-lo para transformá-lo num eunuco sem vontade e numa companhia permanente, mas sempre fria, sem a participação na vida doméstica como vocês têm.

– Mas tem gente que não gosta de cachorros?

– Certamente que tem, são justamente aqueles que não se permitem, por razões emocionais, dar ao cão o amor que poderiam dar. É por isso que os grandes amigos dos cães são as crianças e os velhos, justamente as duas fases do ciclo da vida em que o isolamento é maior. A criança, porque é cerceada em muitas coisas pela educação que a vai prendendo nas malhas da sociedade; o velho, porque sente uma marginalidade por assim dizer fisiológica, e por isso tem no cão o seu "remédio" para o isolamento do fim da vida. Na idade ativa do homem não há tempo para o convívio com os cães, mas a seu devido tempo o cão acaba conquistando seu lugar no núcleo doméstico.

– Mas mestre, há uma coisa que me intriga. Quem manda em quem, você em mim ou eu em você?

– Nunca desdenhe a sabedoria de um cão e você, Miró, com esta dúvida está me fazendo pensar! Sabe que nós homens somos vaidosos e não abrimos mão do poder de nossa inteligência. Assim sentenciamos que vocês fazem o que nós queremos, são nossos escravos. Mas sua pergunta me leva a um exercício de argumentação. Quando você e Tatá latem para estranhos, campainha da rua, ou barulho no vizinho estão defendendo a mim ou a vocês mesmos? Pensando bem, vocês defendem apenas o seu território (quintal) e eu estou certo de que me defendem. É verdade que dá tudo na mesma, pois o quintal e a casa não toleram estranhos desconhecidos. Quando você fica louquinho quando me vê logo cedo, será por mim ou por você mesmo, pelo pão e leite que chegam junto comigo e pelo que você petisca na mesa do café? Acho que você, com os agrados, me "força" a brindá-lo com petiscos! Quando pula no colo talvez você me faça pensar em afeto, mas logo consegue um aconchego delicioso que o faz dormir, e talvez eu tenha feito a sua vontade. Como vê, são movimentos contrários que se integram num relacionamento íntimo que satisfaz aos dois, e não interessa saber quem manda, se é você ou eu. Mas tudo indica que você não é nada bobo não!

– Bem, patrão, agora estou satisfeito e entendi o que fica por trás de todo nosso relacionamento amigo.

– Mas preste atenção, Miró, não pense que eu seja tolo e não saiba que você é um animal com alguma coisa do que tinham os seus ancestrais selvagens.

– Como assim, mestre?

– Gosto muito de você, acabo de fazer o elogio do cão, mas você e eu somos animais com características próprias. Agrado você, mas nunca esqueço que você tem bons dentes e pode me dar uma mordida ainda que sem querer. Você não suporta dor e logo rosna a um agrado mais intenso. Você é difícil de conter para tomar uma vacina, e nesta hora, se eu não for cuidadoso, você morde mesmo. Nunca tirar um osso de sua boca, o rosnar de aviso é de amigo! E assim somos nós também, os homens, que em determinadas circunstâncias voltamos para a Caverna.

– Então, mestre, é este jogo do primitivo ao adquirido que se chama civilização?

– É mais ou menos isto. Os milhões de anos de evolução fizeram de nós o que somos com a cultura e o desenvolvimento que atingimos hoje. Mas se não tomarmos cuidado, tanto você como nós homens podemos regredir para o cerne da nossa natureza primitiva.

– E você acha isto possível?

– Não, Miró, se tivermos juízo bastante para perceber e continuarmos nosso caminho na estrada do Destino.

– Mestre, acho eu que já satisfiz toda a curiosidade que eu poderia ter, aproveitando esta conversa tão estranha e proveitosa para minha experiência neste mundo de cão. Nossa prosa vai ficando longa e já estou bocejando. Quando vamos terminar este papo?

– Agora, já, caro Miró. Falamos e filosofamos o suficiente, de modo que você poderia se lembrar da piada que contei, da negra para o velho coronel: "O senhor já deu três" e a resposta "então vamos pará...". É o que eu estou fazendo, já chega de filosofias caninas.

– E agora, patrão, o que vai fazer com todos estes rabiscos que o vejo fazendo?

– Bem, Miró, até agora escrevi (à mão, sou de antes da máquina de escrever) com o auxílio do espírito de meus colaboradores, mas de agora em diante o trabalho é só meu.

– Como assim?

– Já expliquei a você de como vêm as idéias. Agora, meu trabalho tem que ser pessoal até conseguir que se leia toda esta nossa conversa.

– Como vai então fazer isso?

– Ah, Miró, se você soubesse a mão-de-obra que dá pu-

blicar um livro, certamente você não me torturaria com esta pergunta.
— Conte, patrão, estou curioso para saber como é a coisa!
— Bem, primeiro é a letra do escritor que, ao escrever, só ele e Deus sabem e depois, pela velocidade de escrever antes que a idéia fuja, rabisca de modo que só Deus mesmo sabe o que foi escrito. Daí a revisão imediata para que a datilógrafa (coitada) não se desespere ao bater à máquina. Vindo o texto, começa um trabalho de revisão e coordenação do que foi escrito ao correr da pena. Assim, suprime-se o que pode ofender as "otoridades" e melindrar amigos, reforçam-se idéias insuficientes e cortam-se as repetições. Tudo isto cria um novo original, agora à máquina, onde tudo é acrescido ou suprimido com textos à máquina. Aqui entram os grandes auxiliares do escritor, a tesoura e a cola. Depois de tudo pronto, lido, relido e trelido, vai de novo para a datilógrafa, que bate o texto definitivo. Volta então o bicho pronto, e com as correções finais, fazem-se uma ou duas cópias xerox para garantir perda ou desvio sempre possíveis nas andanças de uma grande cidade.
— E se perder mesmo os originais?
— Então, Miró, há três possibilidades: o autor fica louco, ou só abobado, ou jura nunca mais escrever outro livro. Mas também pode se conformar e escrever tudo de novo, só que será outro livro, pois eu não seria capaz de escrever a mesma coisa duas vezes. Mas tendo a cópia, nossa conversa é puramente especulativa e sem sentido.
— E daí?

– Bem, Miró, aí é que começa a via-sacra.
– Por que via-sacra?
– Primeiro *via* porque é uma peregrinação e *sacra* porque os editores são as vacas sagradas que podem aceitar ou não a publicação dos originais.
– Mas então como você faz a coisa?
– Bem, Miró, primeiro você tem que descobrir uma chapelaria para comprar um chapéu.
– Chapéu, o que é isto?
– Era um troço que se punha na cabeça e que a moda destruiu. Os últimos a usarem foram os carecas para disfarçar a calvície. Agora nem eles usam mais.
– Então como vai conseguir um chapéu?
– É ver se encontro ainda algum negociante reacionário que tenha algum para vender ou então procurar um negócio de roupa velha e em último caso uma casa que alugue fantasias.
– E depois que você conseguir o tal chapéu, o que você vai fazer com ele?
– Bem, Miró, é humilhante dizer, mas vou de chapéu na mão implorar que publiquem toda esta nossa filosofada.
– E você acha que vai conseguir?
– Miró, na vida tudo é experiência; assim, pelo que tenho visto e ouvido, acho que vai interessar. É bem possível que consiga.
– E então como vai acabar todo este trabalhão?
– Veja, Miró, se alguém leu até o fim esta nossa conversa já em livro impresso, acho que vai acabar bem.
– Mas como, então?

– Há três possibilidades, que podem perfeitamente coexistir: gelo, calor e frio, porque quem sai de casa, como o livro que sai à luz, é para agüentar o tempo que estiver fazendo, isto é, agüentar a opinião dos leitores. Não se assuste, caro Miró, porque nem você nem eu estaremos presentes, é só o livro mesmo, e ele que agüente o julgamento, se houver!

OBRAS DO AUTOR

Imagens Religiosas de São Paulo. Apreciação Histórica. São Paulo, Edusp/Melhoramentos, 1971.

O Barroco no Brasil. Psicologia e Remanescentes em São Paulo, Goiás, Mato Grosso, Paraná, Santa Catarina e Rio Grande do Sul. 1ª e 2ª eds. São Paulo, Edusp/Melhoramentos, 1974.

Arte Sacra Popular Brasileira. Conceito-Exemplo-Evolução. São Paulo, Edusp/Melhoramentos, 1975.

Escravidão Negra e Branca. O Passado através do Presente. São Paulo, Global, 1976.

J. B. C. – Um Singular Artista Sacro Popular. A Obra Transcende o Homem. São Paulo, Cesp, 1978. Prêmio "APCA".

Imagem Sacra Brasileira. São Paulo, Edusp/Melhoramentos, 1979. Prêmio "Jabuti".

Arte Sacra – Berço da Arte Brasileira. São Paulo, Melhoramentos, 1984.

Nossa Senhora da Expectação ou do Ó. História-Iconografia-Características Brasileiras. São Paulo, Bovespa, 1985.

Um Médico do Século XX Vivendo Transformações. São Paulo, Edusp/Nobel, 1987.

Anjos Barrocos no Brasil. Angelologia. São Paulo, Kosmos/Giordano, 1995.

Divino – Simbolismo no Folclore e na Arte Popular. São Paulo, Kosmos/Giordano, 1995.

Título	Filosofando com o "Miró"
Autor	Eduardo Etzel
Projeto Gráfico e Capa	Ricardo Assis
Revisão	Ateliê Editorial
Editoração Eletrônica	Ricardo Assis
Divulgação	Paul González
Formato	14 x 21 cm
Tipologia	Times
Papel	Pólen Rustic Areia 85 g/m² (miolo)
	Cartão Supremo 250 g/m² (capa)
Fotolito	MacinColor
Impressão e Acabamento	Lis Gráfica
Número de Páginas	272
Tiragem	1 000